돼지불알

현대수필가100인선 · 83

돼지불알

목성균 수필선

좋은수필사

■ 책머리에

　수필은 누구나 부담 없이 읽고, 마음만 먹으면 직접 쓸 수도 있는 가장 친근한 문학이다. 다른 영역의 문학이 영상매체에 밀려 신음하고 있는 중에도 수필 인구만은 날로 증가하여 바야흐로 수필 전성시대를 구가하고 있는 이유도 거기에 있을 것이다.
　시대적 추세에 힘입어 수많은 수필전문지, 수필동인지가 창간되고, 이에 비례하여 신진 수필가도 날로 늘어나다 보니 이제는 그 많은 작가, 그 많은 작품 중에서 문학성 높은 작품을 가려 읽는 일이 쉽지 않게 되었다. 이런 현상은 작가에게나 독자에게나 결코 바람직한 일이 아니다. 더 나아가서는 수필을 연구하는 후세들에게도 큰 부담이 될 것이다.
　이런 문제를 해결하는 데는 출판인도 마땅히 한몫을 감당해야 한다는 평소의 소신에 따라, 본사가 기꺼이 그 역할을 맡기로 했다. 그 첫 번째 사업으로 시대를 대표할 만한 수필가 100인을 선정하고, 작가가 자선한 40편 내외의 작품을 수록한 문고본을 발간하여 이를 널리 보급함으로써 그 소임을 다하고자 한다.
　본사는 사명감을 가지고 이 사업을 추진해 나가기로 했다. 작가 선정을 전담할 편집위원회를 구성하고 전권을 위임하여 일체의 사적인 정실이나 청탁을 배제함으로써 전문성과 공정성을 확보해 나갈 것이다.

 따라서 이 기획물 속에는 작가의 문학정신뿐만 아니라, 본사의 문학사적 기여 의지와 편집위원 제위의 수필문학에 대한 애정과 문인으로서의 양심이 함께 담겨 있음을 자부한다. 다만, 작가를 선정하는 기준에는 많은 견해의 차이가 있을 수 있고, 선정 과정에서도 미처 챙기지 못한 부분이 있을 것이라는 사실만은 인정하지 않을 수 없다. 이 점에 대해서는 관계자 여러분의 양해 있으시기 바란다.

 이 시리즈의 발간 순서는 작가, 또는 본사의 사정에 의한 것일 뿐 그 밖의 어떤 기준도 적용하지 않았음을 밝힌다.

 본 기획물이 시대를 초월한 많은 수필 애호가들의 관심과 애정 속에 우리나라 수필문학 발전에 한 이정표가 되기를 바랄 뿐이다.

2010년 6월

좋은수필 발행인 서 정 환
현대수필가 100인선 간행 편집위원 박 재 식 최 병 호
정 진 권 강 호 형
변 해 명

| 차례 | 현대수필가100인선 · 83

1_부

고개 · 12
그리운 시절 · 18
누비 처네 · 21
다랑논 · 27
부엌궁둥이에 등을 기대고 · 31
사기등잔 · 35
생명 · 40
억새의 이미지 · 43

2_부

세한도 歲寒圖・50
목도리・53
액자에 대한 유감・59
어떤 직무유기・65
약속・71
고향집을 허물면서・78
돼지불알・83
명태에 관한 추억・89

3_부

아버지의 강 • 96
故鄕雪 • 102
선배의 모습 • 108
알밤 빠지는 소리 • 114
길 위에서 • 119
고모부 • 126
당목수건 • 132

현대수필가100인선・83

4_부

미움의 歲月・140
손수건・147
少年兵・153
수탉・157
配匹・163
진달래꽃・169
할머니의 세월・176

▣ 작가연보・182

 1부

고개
그리운 시절
누비 처네
다랑논
부엌궁둥이에 등을 기대고
사기등잔
생명
억새의 이미지

고개

 지름티 고개는 이제 구름이나 넘어가는 본래의 산등성이로 돌아갔지만, 한으로 삭은 어머니의 가슴에는 부부 사이를 이쪽과 저쪽으로 가르는 분수령으로 엄연히 자리잡고 있다.
 "쥐눈이콩만한 신랑이 가마의 휘장을 들추더니 머리를 들이밀고 가마멀미가 얼마나 심하냐고 걱정을 하더라니까 글쎄."
 신부는 열일곱, 신랑은 열다섯이었다. 가마 틈새로 바라보이는 답답한 산골 풍경에 가슴이 덜컥 내려앉는데 어린 신랑이 엇손上客의 눈을 피해서 신부의 가마 휘장을 들추고 은밀하게 신행길의 노고를 치하하더라는 것이다.
 "거짓말이 아녀, 내가 그때 싹수를 알아봤어."
 베 매는 길쌈 마당의 동네여인네들을 박장대소케 한 신행날 고개에서 있었던 일이 어머니의 한이다. 어머니의 삶을 둥

한히 하고 시앗을 두었느니 안 두었느니 소문을 무성하게 풍기면서 고개를 넘나드신 아버지의 독선 때문이다. 혼행이 멈춘 고개에서 어린 신랑이 보여준 대견스러운 낭만은 당연히 어머니의 소중한 추억이 되었어야 하는데 오히려 평생의 한이 되고 말았다.

마을의 서북쪽 갈뫼봉과 동북쪽의 유지봉을 이어주는 산등성이, 마을을 병풍처럼 둘러치고 있는 이 산등성이의 중간쯤, 산세가 기개氣槪 죽이고 주저앉은 자리가 지름티 고개다.

이 고개는 협촌峽村인 우리 마을 윗버들미柳上里에서 대처인 충주로 나가는 길목으로, 걸어다닐 수밖에 도리가 없던 시대에는 괴산 장에서 충주장으로 옮겨가는 보부상들도 넘나들던 지름길이었다. 한때는 온종일 인적이 끊이지 않던 큰 고개였으나, 정부 방침에 의해서 운행 결손을 보조해 주는 벽지 노선이 개설되고부터 이 협촌에도 하루 두 번씩 군내 버스가 드나들며 고개에 인적이 끊어지고 말았다.

어디 윗버들미의 지름티 고개뿐이랴. 전국의 고개는 다 사라졌다. '사람 사는 한평생이 고개 하나를 넘는 것이니라.' 그리 말하던 고향의 어른들도 대개 고개와 더불어 사라졌거나, 조만간 사라질 것이다.

마을 사람들은 희로애락을 짊어지고 이 고개를 숨차게 넘나들며 원시적인 농경시대의 삶을 살아왔다.

"그래도 그때가 좋았지!"

불편한 삶의 시대에 대한 향수, 그것은 끈끈하고 찝찔한 땀 같은 인정의 유대紐帶가 그리운 때문일 것이다. 그렇다면 삶의 편리가 반드시 행복한 것만도 아니라는 사실이 입증되는 것인데,

"내가 자네들만 할 때는 콩 한 가마니를 지고 저 고개를 넘어 충주장에 가서 상포喪布 흥정을 해 오는데 불과 한나절밖에 안 걸린 사람이여…."

젊었을 때 힘깨나 썼다는 갑득 노인이 곧이도 안 듣는 젊은이들 앞에서 장정 시절이 그리울 때 하는 말로서 허풍이 섞이긴 했어도 사실과 크게 어긋나는 소리는 아니다.

"참말이여, 상주喪主가 고마워서 술과 고기를 실컷 먹으라며 날 억지로 과방 안으로 밀어 넣기까지 했다니까."

누가 아니라고 했나, 갑득 노인은 극구 사실을 강조하는 것이었다. 그리고 흐린 눈으로 간절하게 고개를 바라보았다.

협촌의 고개는 희망과 절망의 두 모습으로 사람들의 마음을 항상 애타게 했다.

아침 햇살이 퍼지기 전에 새벽 이슬을 걷어차며 고개를 순식간에 치닫는 사람이 눈에 띈다면 뉘집에 심상치 않은 일이 발생한 것이다. 누가 밤 사이에 명이 경각을 오갔든지, 젊은것이 야반도주를 했든지, 농우農牛가 쓰러졌든지, 이와 같은 예의 큰일이 났다고 볼 수 있다. 그래서 사람들은 우선 잠자리에서 일어나면 마을 고샅에서나 들녘에서나 습관처럼 아침 고개를 바라보았다. 그리고 햇살이 퍼져 내리는 고개에 길 떠나는 사

람이 없을 때 비로소 안도의 하루를 시작했다.

골짜기에 산그늘이 내릴 때도 마을 사람들은 아침처럼 고개를 바라본다. 그러나 까닭은 아침의 경우와는 전혀 다르다. 아침에는 밤사이 마을의 안부가 궁금해서지만 저녁에는 마을에 드는 반가운 손님이 있나 싶어서다.

갓을 쓰고 백포白袍를 입은 분이 진중한 거동으로 해그늘을 따라서 고개를 내려온다면 그날 밤 마을 안에 기름질 냄새가 진동할 수밖에 없는, 뉘댁 사돈양반이거나 종백從伯이거나, 아니면 당숙어른 같은 분이 오시는 것이다. 누구네 집에 무엇 하러 오시는 분인지 즉시 알아 차려야 한다. 그것은 협촌 사람들의 중요한 생활정보다. 그래야 저녁을 뚝딱 먹어치우고 귀한 손님이 드신 집 사랑방 한 자리를 먼저 차지할 수 있기 때문이다. 그날 밤 모르고 그 사랑방 마실에 빠진다든지 마실이 늦어서 입추의 여지가 없는 사랑방에 들지 못한다면 예사 손해가 아니다. 고개 너머 대처의 흥미진진한 세상사를 들으며 기름진 밤참을 얻어먹을 수 있는 절호의 기회를 놓치고 마는 것이다. 다음날 두레판에서 그 사랑방 마실이 화제에 오를 때 분해서 식식거려 봐야 무슨 소용인가.

꽃가마가 넘어간 고개처럼 허망할 수 있을까. 가마가 앞서고 후행後行이 길게 이어져서 넘어간 저무는 고개의 적막함, 틀림없이 가슴에 커다란 구멍을 뚫고 뜨거운 숨을 토해 내며 땅거미 질 때까지 숨어서 고개를 바라보는 총각이 있었으리라.

꽃가마가 넘어오는 고개는 기쁨이다. 고갯길의 수풀조차 술렁이면서 새각시를 맞이하는 것만 같다. 산협山峽의 혼사가 어디 뉘댁만의 경사이랴. 마을의 잔치였다. 그러나 어린 나이에 산협에 잡혀 와서 시집살이에 들게 된 새각시는 한동안은 고개를 바라보며 시집살이의 애상을 삭여 내야 한다. 그래서 고개는 여인의 한이라고 했다. 새각시는 저녁 우물가에서 노을지는 고개를 바라보며 눈물짓지 않는 날이 없었다. 어느 새각시는 시집온 날 혼행婚行을 배행하고 돌아가는 친정어른이 고개 너머로 사라지는 모습을 보고 대성통곡을 했다. 조신操身해야 할 신행 날, 어린 새각시의 경망輕妄이 시어머니 살아 생전 자심滋甚한 시집살이에서 벗어나지 못하게 했다고 한다.

진달래꽃이 산비탈을 분홍치마 두르듯 하는 봄, 마을의 젊은 농군이 고개를 하염없이 바라보며 넋을 빼앗겼다면 갱갱이 갈(김제 만경 넓은 들을 말하는 것으로 협촌 젊은이의 엑서도스를 뜻하는 말이다) 놈이 틀림없지만 어른들은 만류를 하지 못했다. 산협을 벗어나서 제 길을 열어 가도록 모르는 체하는 것이 어른 된 도리인지 아닌지를 모르기 때문이다. 그러나 걱정할 일은 아니었다. 젊은 그들은 진달래꽃 피는 고개를 홀연히 넘어갔다가 고개에 눈발이 성성할 때 홀연히 넘어와서 더욱 분발하는 농군이 되었다.

며칠 전, 나는 들일에 바쁜 농부들로부터 할일 없는 놈이라는 질시를 받기 싫어서 몰래 지름티 고개에 올라가 보았다.

아직 고갯길은 탄탄하고 훤했다. 긴 세월 동안 많은 사람들이 지신밟듯 한 고갯길 아닌가. 그러나 길섶의 잡초는 길길이 자라고 있었다. 어정칠월 호미씻이 전날에 마을사람들이 나서서 새벽길 떠나는 사람의 두루마기 자락이 이슬에 젖지 않도록 베어주던 풀숲이다.

고갯마루는 황폐할 대로 황폐해 있었다. 당집은 비바람에 하얗게 삭아서 기울었고, 서낭나무만 홀로 울창한데 그 앞의 돌무더기는 이끼와 넝쿨에 덮여 있었다. 고개를 넘나들던 사람들이 두 손으로 공손하게 싸잡아 들고 와서 서낭신께 바치고 소원을 빌던 돌멩이들. 누구의 돌멩이는 소원을 이루고 누구의 돌멩이는 소원을 이루지 못했을 터이지만 아무도 서낭신을 원망하는 사람은 없었다. 소원을 들어주고 안 들어준 서낭신의 기준은 소원의 정당성, 간절함, 진실성에 둔, 지극히 공정한 것이라고 믿어 의심치 않았기 때문이리라.

서낭신은 그 어느 신보다 헌신적이다. 자신의 융성한 세월이 끝날 줄 뻔히 알면서 동네에 마을버스가 들어오도록 양해한 마음으로 보아서 그렇다.

당집 앞에 앉아서 어머니를 생각했다. 다시는 개선의 여지가 없는 어머니의 생애도 조만간 고개처럼 사라지고 말 것이다. 어린 신랑의 낭만도 어머니 가슴에 한으로 묻은 채.

어머니의 신행 가마가 멈춘 자리는 어디쯤이었을까.

인적이 끊어진 고개를 흰 구름만 유유히 넘어가고 있었다.

그리운 시절

 그리운 시절들은 다 여름에 있다. 여름이 젊음의 계절이기 때문인지 모른다. 성장만 하면 되는 여름은 무모하다. 가능성을 배제하지 않은 존재의 치열한 향일성向日性들은 아픔도 모르고 세포분열에 주력한다. 아, 그리운 시절, 그 여름날들.
 산그늘 진 갈매실 냇가의 자갈밭은 그 시절 우리들의 아지트였다 개성대로 솔직하던 고향친구들이 은밀하게 모여서 주량을 늘여 가고, 끽연 폼의 멋을 창출하고, 여울낚시의 기량을 숙달시키고, 매운 탕 끓이는 법을 익혔다. 그리고 음모하고 실행했다.
 이발소집 주호는 '홍은반점'에 새로 온 색시에게 반했다. 우리는 주호가 밤중에 색시를 겁탈하러 주방의 환기창을 타넘어가는 것을 음모하고 실행했다. 성장은 무모한 만큼 미숙해서 우리들의 음모는 주호를 아직 국물이 덜 식은 국수가락 삶는 솥에 빠뜨리고 말았다. 뜨거워 죽는다고 비명을 지르는 주호를 주인이 달려 나와서 닭장에 든 살쾡이 때려잡듯 자장 볶는 무쇠냄비로 때려잡았다. 겁탈은 미수에 그치고 말았지만 주호의 모험심이 얼마나 순진하고 아름다운 것인지, 그 산읍까지 흘러온 색시가 알 리 만무했다. 그 색시뿐 아니다.

우리도 더 성숙하고 더 까바라진 인생에 진입했을 때서야 그것을 아름다운 사실로 의견일치를 보았고, 두고 기억하는 것이다.

굽어서 흘러온 냇물은 자근자근 속삭이며 한들 모퉁이를 돌아서 흘러갔다. 노을이 빨갛게 물든 수면 위로 피라미들이 은빛 찬란하게 뛰어올랐다. 피라미의 도약은 수면을 나는 날벌레 포식捕食의 한 방법에 불과한 것이지만 성장기의 미숙한 감수성은 피라미가 노을에 취해서 무모한 도약을 하는 것이라고 눈물겨워했다. 나는 언제쯤 저렇게 찬란한 도약을 해볼 것인지, 고개를 들어 하늘을 보면 지는 노을이 나를 더욱 눈물겹게 했다.

햇빛은 1,064미터 높이의 조령산 봉우리에 걸리고, 냇물과 나란히 가는 신작로로 막차가 뽀얗게 먼지를 날리면서 산읍으로 들어왔다. 그때서야 최선을 다해서 울던 말매미가 울음을 뚝 그쳤다. 우리는 매미의 울음이 시사示唆하는 바에 대해서 유의有意하지 못했다. 긴 세월을 땅벌레로 살고 나서야 비로소 매미가 되어 우는 것이다. 삶의 환희와 삶의 결론을 얻기 위한 생명의 치열한 절규인 것을 우리는 한낱 매미의 한유閑遊로만 인식했다.

해가 넘어가고 시원한 바람이 휘도는 신작로 소몰이꾼이 소를 몰고 지나갔다. 소를 한 마리는 앞세우고 한 마리는 뒤에 세우고 소몰이꾼은 가운데 서서 걸어갔다. 소몰이꾼은 저 큰 짐승을 어떻게 가운데 서서 고삐 하나로 통제할 수 있는지 궁금했을지언정 이 쇠전에서 다음 쇠전으로 밤을 새워 가는 그 묵묵한 소몰이꾼의 밤길이 꿋꿋한 그의 일관된 생애임을 우리는 알 리 없었다. 나는 자갈밭에 누워서 등허리에 배기는 자갈들의 아픔을 참고 밤하늘에 하나둘 돋아나는 별을 세며 생각했다. 소몰이꾼과 소는 지금 어디쯤 가고 있을까.

어찌 냇물만 흘러가고, 소몰이꾼만 밤길을 걸어갔으랴. 아지트인 그 냇가에 성장기의 미숙한 해프닝만 남겨 두고 우리들의 생애도 각자의 밤길을 꿋꿋하게 혹은 경거망동하게 개성대로 참 멀리 와 있는 것이다.

돌아보면 아른아른 그리운 시절은 이 여름 안에 아직도 남아 있다.

누비 처네

아내가 이불장을 정리하다 오래된 누비 처네를 찾아냈다. 한편은 초록색, 한편은 주황색 천을 맞대고 얇게 솜을 놓아서 누빈 것으로 첫애 진숙이를 낳고 산 것이니까 40여 년 가까이 된 물건이다. 낡고 물이 바래서 누더기 같다. 그러나 그 당시에는 시골에서 흔치 않은 귀물이었다.

"그게 지금까지 남아 있어?"

내가 반색을 하자 아내가 감회 깊은 어조로 말했다.

"잘 간수를 해서 그렇지." 그리고 "이제 버릴까요?" 하고 나를 의미심중하게 쳐다보며 물었다. 그건 분명히 누비 처네에 대한 나의 애착심을 알고 하는 소리다. "냅둬." 그러자 아내가 눈을 흘겼다. '별수 없으면서―' 하는 눈짓이다. 그것은 삶의 흔적에 대한 애착심은 자기도 별수 없으면서 뭘 그리 체를 하느냐는 뜻이다.

나는 아내의 과단성이 모자라는 정리정돈을 비아냥거리는 경향이 있다. 버릴 물건은 과감하게 버려야 하는데 아내는 그걸 못한다. 그래서 가뜩이나 궁색한 집안에 퇴직한 세간들이 현직 세간들과 뒤섞여서 구접스레했다. 그 점이 못마땅해서 나는 늘 예를 들어서 지적을 했다. 사실은 그 예가 아내에게 고의적으로 모욕을 가하는 것이긴 하지만, 버리지 못하는 삶의 흔적들에 대한 애착에서 놓여나게 하려는 내 나름의 충격요법이지 솔직히 모욕 자체가 목적은 아니다.

'장터거리 박 중사의 미치광이 마누라는 늘 일본 옥상 오비처럼 허리에 보따리 두르고 다니는데 그걸 풀면 온갖 잡동사니가 다 들었어. 이 빠진 얼레빗서부터 빈 동동구리무곽에 이르기까지 없는 게 없대. 자기 세간 모아 두는 건 흡사 박 중사 마누라 잡동사니 주워 모으는 버릇 같아.' 하는 식이다. 그러나 아내는 모욕을 느꼈는지 안 느꼈는지 오히려 역습으로 내게 모욕을 가하는 것이다.

"남자가 박 중사 미친 마누라처럼 중중거리지 좀 말아요. 체신머리 없게시리—."

박 중사의 미친 마누라는 늘 허리에 예의 보따리를 두르고 머리에는 들꽃을 꽂고 길거리를 중얼거리면서 다녔다. 내가 박 중사 미친 마누라 허리에 두른 보따리로 '장군!' 하면 아내는 침흘리듯 중얼거리는 미친 짓을 가지고 '멍군!' 했다. 매사에 내가 부른 장군은 아내의 멍군에 당했다.

아내가 들고 "버릴까요?" 하는 누비 포대기는 내 인생의 사적史的인 물건이다. 아내가 그 처네 포대기를 들고 '버릴까요' 하고 묻는 것은 내 비아냥에 대한 잠재적 감정의 표출이다.

아내가 첫애 진숙이를 낳고 백일이 지나도록 나는 아기를 보지 못했다. 서울에서 인쇄업(실은 프린트사였다)을 하고 있었는데 자리를 못 잡고 허둥지둥 승산 없는 분발을 계속하고 있었다. 사업 수완이 모자라는 때문이었다. 이미 자갈논 한 두 락쯤 게눈 감추듯 해 먹고 이 업을 할 건지 말 건지 망설이는 중이었다. 아내의 산고를 치하하러 집에 갈 형편이 아님에도 불구하고, 추석 밑에 아버님의 준엄한 하서下書가 당도했다.

인두겁을 쓰고 그럴 수가 있느냐고 힐책하신 연후, 제 식구가 난 제 새끼를 백일이 넘도록 보러 오지 않는 무심한 위인은 이 세상 천지에 너 말고는 없을 것이라고 명의名醫 침 놓듯 내 아픈 정곡을 찌르시고, 만일 이번 추석에도 집에 오지 않으면 내 너를 자식으로 여기지 않을 것이라는 단호한 당신의 마음을 천명하셨다. 그 준엄한 하서에 동봉된 소액환 한 장과 말미의 추신追伸이 마침내 불민한 자식을 울렸다.

추신은 추석에 올 때 시골서는 귀한 물건이니 어린애의 누빈 처네 포대기를 사오라는 당부 말씀이었다. 소액환은 누비 처네 값이었다. 그러면 네 식구가 좋아할 거라는 말씀은 안 하셨지만 사족을 생략하신 것일 뿐 그 말이 그 말이다. 아버지는 객지의 자식이 제 새끼를 보러오지 못하는 실정을 아시고 궁여지책을 쓰신 것이다.

지금도 나는 아버지가 나를 사랑하셨다고는 생각하지 않지만, 그러나 믿을 도리밖에 없는 맏자식이니 아버지도 늘 내게 연민 정도는 느끼셨을 것이라고 생각한다. 자식에 대한 연민, 그게 얼마나 부모의 큰 고초인지 내가 당시 아버지 나이에 이르러서야 알았다. 오죽하면 소액환을 동봉하셨을까. 그 소액환은 돈이라기보다 슬하에 자식을 불러 앉히는 아버지의 소환장이나 마찬가지다. 용렬하기 그지없는 자식에게 아비 노릇, 남편 노릇하는 방법까지 일일이 일러주어야 하는 아버지의 노파심을 생각하니까 '불효자는 웁니다' 하는 유행가처럼 서러웠다.

추석을 쇠고 우리는 아버지의 명에 의해서 근친을 갔다. 강원도 산골 귀래장터에 도착했을 때 이미 한가위를 지낸 달이 청산 위에 둥실 떴다. 그때부터 십 리가 넘는 시골길을 걸어가야 한다. 아내는 애를 업고 나는 술병과 고기 뒤 근을 들고 걷기 시작했다. 아내 옆에 서서 말없이 걸었다. 달빛에 젖어 혼곤하게 잠든 가을 들녘을 가르는 냇물을 따라서 우리도 냇물처럼 이심전심으로 흐르듯 걸어가는데 돌연 아내 등에 업힌 어린것이 펄쩍펄쩍 뛰면서 키득키득 소리를 내고 웃었다. 어린것이 뭐가 그리 기쁠까. 달을 보고 웃는 것일까. 아비를 보고 웃는 것일까. 달빛을 담뿍 받고 방긋방긋 웃는 제 새끼를 업은 여자와의 동행, 나는 행복이 무엇인지 그때 처음 구체적으로 알았다.

아버지는 푸른 달빛에 흠뻑 젖어 아기 업은 제 아내를 데리고 밤길을 가는 인생 노정에 나를 주연으로 출연시키신 것이다. '임마, 동반자란 그런 거야.' 하는 의미를 일깨워 준, 아버지는 탁월한 인생 연출자였다. 처네 포대기가 그 연출의 소도구인 셈이었다.

그때 "그 처네 포대기 아버지께서 사오라고 돈을 부쳐 주셔서 사온 거야." 내가 이실직고를 하자 아내가 "알아요." 했다. 그러고 말하기를, 추석 대목 밑에 어머니가 아기 처네 포대기 사게 돈을 달라고 하자 아버지가 묵묵부답이셨다는 것이다. "며느리를 친정에 보내려면 애를 업고 갈 포대기가 있어야 하잖아요." 하고 성미를 부리자 아버지가 맞받아서 "애 아비가 어련히 사올까." 하시며 역정을 내셨다고 한다. 아내는 그때 시아버지께서 무심한 신랑과 친정을 보내주실 모종의 조치를 꾸미고 계시다는 것을 눈치채고 가슴을 두근거렸다고 한다.

교교한 달빛 아래 냇물도 흐름을 멈추고 잠든 것 같았다. 나는 기억이 안 나는데 그때 내가 아내의 손을 잡았던 모양이다. "그때 내 손을 꼭 잡던 자기 얼굴을 달빛에 보니 깎아놓은 밤 같았어." 아내가 누비 처네를 쓸어보며 꿈꾸듯 말했다. 참 오랜만에 들어보는 아내의 칭찬이었다. 아마 그때 내게 손을 잡힌 걸 의미 깊이 받아들였던 모양이다.

어찌 보면 두 남녀가 이루어 가는 '우리' 라는 단위의 인생은 단순한 연출의 누적에 의해서 결산되는 것인지 모른다. 약간의 용기와 성의만 있으면 가능한 연출을 우리들은 못하든지 안 한다. 구닥다리 세간에 대한 아내의 애착심은 그것들이 우리의 인생을 연출한 소도구이기 때문이다. 이제 아내의 애착심을 존중해야지, 누비 처네를 보면서 생각했다.

다랑논

 올망졸망 붙어 있는 다랑논배미들을 보면 흥부네 애들처럼 가난하고 우애 있어 보인다.
 나는 어려서 팔월 열나흘 저녁때면 쇠재골 다랑논머리에 서서 추석 차례를 지내러 오시는 작은증조부를 기다렸다. 그 어른은 칠십 노구를 지팡이에 의지하고 휘이휘이 쇠재를 넘어 오셨다.
 나는 저문 산골짜기에 혼자 서 있었다. 그래도 무서운 줄을 몰랐다. 막 저녁 세수를 한 산골처녀의 맨 얼굴 같은 들국화꽃, 조용히 귀 기울이면 들리는 열매가 풀숲을 스치며 떨어지는 소리, 미처 어둡기도 전부터 울어대는 풀벌레 소리ㅡ. 나는 그 가을 정취에 취해서 무섭지 않은 줄 알았다. 그러나 좀더 철이 들고 나서 알았지만, 내가 무섬증을 느끼지 않고 조신하게 저문 산골짜기에 혼자 서 있었던 것은 가을 정취 때문이 아니라 다랑논 때문이었다.

아무도 없는 다랑논에서 나는 늘 인기척을 느꼈다. 배코친 머리처럼 깨끗한 논둑, 피나 잡풀 하나 없이 오로지 벼 포기만 서 있는 논배미의 정갈함에서 방금까지 사람이 있던 기척을 느낄 수 있었다 나는 논둑이 수북하게 풀숲에 덮여 있는 것을 한번도 보지 못했다. 미발진(여물지 않은) 벼이삭이 고개를 못 숙이고 노랗게 조락凋落하는 해도 있었지만, 그때도 논둑은 깨끗이 벌초가 되어 있었고 논배미 안에는 잡풀 하나 없이 벼 포기만 오롯이 서 있었다. 아쉬움같이 푸른 기가 아련한 연노랑색의 여린 벼 포기가 고개를 못 숙이고 있는 것을 보면 농부가 아닌 어린 나도 마음이 아팠다. 하지만 깨끗하게 깎아 놓은 논둑을 보면 끝까지 포기하지 않은 농부의 마음이 엿보여서 다랑논배미 어딘가 농부가 저무는 것도 모르고 아직 엎드려서 일에 골몰하고 있는 것만 같았다.

작은 증조부는 대중없이 고개를 내려오셨다. 어느 해는 해 그늘과 같이 내려오셨고, 어느 해는 열나흘 달이 뜬 후 휘영청 밝은 달빛을 밟고 내려오셨다. 나는 다랑논머리에 서서 침착하게 그 어른을 기다렸다.

마침내 갈참나무숲이 끝나는 고개 아래 그 어른의 하얀 모습이 나타나면 반가움에 목이 메였다. 나는 달려가서 그 어른 발밑에 엎드려 절을 했다. 그 어른은 지팡이로 노구의 피로를 받치고 서서 내 절을 받으셨다. 그리고 다랑논의 작황을 보시고 말씀하셨다.

"누가 지은 농산지, 꼭 맘먹고 담은 가난한 집 밥사발 같구나."

신록이 우거지는 초여름, 다랑논을 본 적이 있다. 모내기 준비를 끝낸 다랑논은 참 깨끗했다. 가래질을 해서 질흙으로 싸발라 놓은 논둑이 마치 흙손으로 미장을 해 놓은 부뚜막처럼 정성이 느껴졌다. 차마 신발을 신고 논둑길을 건너가기가 죄송할 지경이었다. 골짜기의 물을 허실 없이 가두려고 정성을 다해서 논둑을 싸바른 것이다.

물을 가득 잡아 놓아서 거울같이 맑은 다랑논에 녹음이 우거진 쇠재가 거꾸로 잠겨 있었다. 뻐꾸기, 꾀꼬리, 산비둘기의 노랫소리가 다랑논에 비친 산 그림자에서 울려 나오는 것 같았다. 송홧가루가 날아와서 논둑 가장자리를 따라 노랗게 퍼져 있었다. 조용히 모내기를 기다리는 다랑논이 마치 날 받은 색시처럼 다 받아들일 듯 안존한 자세여서 내 마음이 조용히 잠기는 것이었다.

첫눈이 내릴 듯 하늘이 착 가라앉은 겨울날, 거둠이 끝난 다랑논을 보면 지푸라기 하나 흩어 놓지 않고 깨끗하게 비워냈다. 손바닥만큼씩 한 다랑논배미가 마치 공양을 마친 바리때처럼 마음 한 점까지 다한 간절함이 느껴졌다. 결코 농부의 마음에 차는 거둠을 못한 게 분명한 논바닥에 하등의 아쉬움도 남아 있지 않았다. 그 소박하고 알뜰한 수확의 자리. 포기를 벌지 못한 안타까운 벼 그루터기의 오열伍刿 상태가 눈물겹도록 질서정연했다. 무엇이 그리 고마웠을까. 얼마나 따뜻하고 간절한 마음이었을까. 못줄을 띄우고 눈금에 벗어나지 않게 한 포기씩 꼭꼭 모를 꽂고 성의껏 가꾸고 거둔 자리가 오두막집 잦힌 밥솥 아궁이처럼 아늑했다.

농부의 바람에 미치지 못한 수확의 흔적. 미안스러운 듯한 토지의 모습, 그러나 비굴하거나 유감스러운 기색을 느낄 수 없는 담담한 빈 겨울 논이 내 마음을 한없이 평온하게 해 주었다.

나는 젊은 날 마음이 격앙되면 쇠재골로 다랑논을 보러 갔다. 다랑논은 언제나 내 마음의 갈등을 가라앉혀 주었다. 빈 논은 빈 논인 대로, 모가 심겨 있으면 심겨 있는 대로, 풍작이면 풍작인 대로, 흉작이면 흉작인 대로, 다랑논에서는 항상 사람의 기척이 느껴졌다. 다랑논이 욕심 없는 사람처럼 '착하고 부지런히 사는 끝은 있는 법이여-.' 다독다독한 말 한마디를 간곡히 내게 들려주는 듯했다.

나는 사람 사는 것이 다랑논 부치는 일 같아야 한다고 생각했었다. 다랑논을 보면 삶이 행복하다 불행하다 말하는 게 얼마나 건방진 수작인가 싶다. 다랑논은 삶의 원칙 같다. 다랑논의 경작은 삶에 대한 애착의 일변도 같다.

그 비경제적인 다랑논을 부치던 분들도 하나 둘 타계하고 이제 몇 분 없다. 그분들마저 타계하면 다랑논들도 다 폐경이 될 것이다. 다랑논이 사라지는 것은 삶의 원칙이 사라지는 것 같아서 섭섭하기 그지없다.

부엌궁둥이에 등을 기대고

  고향의 초가삼간은 동향집이었다.
  망종芒種무렵, 앞산 유지봉 위로 해가 떠오르면 동향집은 해일海溢같이 쏟아지는 햇살에 어뢰를 맞은 함정처럼 여지없이 침몰했다. 해가 떠오르기 전에 아버지는 침몰하는 함정의 함장처럼 결연하게 "어서 들로 나가자!" 하시고 소를 몰고 앞장서서 삽짝을 나서셨다. 아버지의 그 결연한 의지에 식구들은 연장을 챙겨들고 퇴함退艦을 하듯 아버지 뒤를 따랐다. 그러면 초가삼간은 조용히 눈부신 햇살 속으로 침몰했다. 해 돋는 쪽으로 앞을 둔 동향집은 물러설 수 없는 삶의 배수진을 친 좌향坐向이다. 동향집에서 남향받이는 부엌궁둥이뿐이다. 식구들이 퇴함하듯 들로 나가고 나면 해님은 부엌궁둥이로 돌아가서 신랑 새댁 궁둥이 탐닉하듯 온종일 바람벽에 머물렀다.

동향집의 부엌궁둥이는 다산多産한 아내의 돌아앉은 궁둥이만치나 편하고, 은근하고, 따뜻한 곳이다. 그러나 동향집 사람들은 부엌궁둥이의 그걸 모르고 살았다. 퇴함하듯 삶에 쫓기는 사람들이 어찌 부엌궁둥이로 돌아가서 은연隱然하게 서 있을 여유가 있었으랴.

늦가을인지 초겨울인지 추울 때다. 하루 종일 햇볕에 단 부엌궁둥이에 기대 서서 초저녁별을 바라본 적이 있다. 부엌궁둥이가 그렇게 따뜻하고 은밀하다는 사실을 그때 처음 알았다. 무슨 잘못을 저질렀던지 나는 저녁 밥상이 들어갔는데도 방에 들어가지 못하고 부엌궁둥이로 돌아가서 숨었다. 고샅에서 할머니가 나를 찾는 소리가 들리고, 방안에서는 "그놈에자식, 밥도 주지 말어." 하시는 아버지의 역정 소리가 들려왔다. 어떻게 부엌궁둥이로 돌아가서 바람벽에 외로운 신세를 기대게 될 줄을 알았는지 모를 일이다. 정남향의 바람벽이 동지 섣달 막 저녁 밥상이 들어간 부뚜막처럼 따뜻했다. 거기에 등을 기대고 서서 어두운 산등성이 위로 돋는 별을 바라보니까 서러웠다.

그후 새신랑인 나는 꽤 여러 번 해질녘이면 부엌궁둥이의 바람벽에 기대 서서 초저녁별을 바라보았다. 꿈과 현실의 괴리가 너무 심한 농사를 지어야 할 건지 말 건지, 이 부엌궁둥이에 와서 젊은 인생의 전말顚末을 화두話頭로 잡고 고뇌하면 응결된 가슴이 열렸다.

부엌궁둥이는 주로 장가들기 전에 많이 이용했다. 장가들고는 내 혼자 부엌궁둥이 바람벽에 기대 서면 왠지 아내에게 미안한 생각이 들었다. 부부 일신의 도리에 어긋나는 것 같아서였다. 그렇다고 아내에게 나 속상한데 같이 부엌궁둥이에 기대러 가자고 할 수는 없는 일이었다. 어차피 새색시와 함께 할 수 없는 새신랑의 고민도 있게 마련이다. 어느 날 저녁별이 뜰 때 혼자 부엌궁둥이의 바람벽에 기대서 있는데 아내가 어떻게 알고 부엌궁둥이로 돌아왔다. 비밀스러운 짓을 하다가 들킨 것처럼 부끄러웠다.

아내는 만삭이었다. 어깨로 숨을 쉬며 내 곁에 서 있었다. 우리는 말없이 별에 눈을 맞추고 서 있었다. 다행히 여기 혼자 와서 무슨 생각을 하느냐고 아내는 묻지 않았다. 궁금한 점을 언급하지 않은 아내의 참을성은 또 얼마나 고독한 것이었을까.

농사꾼이 되겠다던 꿈을 접고 집을 떠났다. 혼자 객지 생활을 했다. 전도가 불투명한 삶의 진척進陟에 겨워 겨울 도시의 거리 모퉁이를 돌아들면 고향집의 온종일 겨울 햇살에 달아 있을 부엌궁둥이가 그리웠다.

그런 나를 아버지가 찾아오셨다. 네 식구가 어린애를 낳았다고 하시며 사람이 그리 무심할 수 있느냐고 걱정하셨다. 저녁상을 들여놓고 부엌궁둥이로 돌아가서 바람벽에 기대 서 있는 네 아내 꼴 보기 싫으니, 데려가든지 형편이 안 되면 집으로 내려오라고 하시는 것이었다. 부엌궁둥이에 돌아가서 별을 보고 서 있을 갓난아기 업은 아내와 그 아기의 별 같은 눈망울 때문에 객지에서 나는 허둥지둥 힘겨운 분발을 했다.

그 부엌궁둥이를 아내에게 물려주고 집을 떠난 것은 그나마 다행한 일이다. 집안에 새댁의 심신을 은닉할 장소가 한 군데쯤은 있어야 시집살이의 중압감을 내려놓아 볼 수 있기 때문이다.

아버지도 소싯적에 부엌궁둥이에 등을 기대고 서서 침전된 삶의 노폐물을 자정自淨해 보셨을까? 아버지는 부엌궁둥이에 등을 기대고 서 보지도 못하셨을 것 같다. 그 점이 죄송하다.

사기등잔

시골집을 개축할 때, 헛간에서 사기등잔을 하나 발견했다.
컴컴한 헛간 구석의 허섭스레기를 치우자 그 속에서 받침대 위에 오롯이 앉아 있는 하얀 사기등잔이 나타났다.
등잔은 금방이라도 발간 불꽃을 피울 수 있는 조신한 모습이었다. '당신들이 나를 잊어버렸어도 나는 당신들을 잊어 본 적이 없어.' 하는 듯한 섭섭한 기색이 역력했다.
나는 등잔을 보고 적소謫所의 방문을 무심코 열어 본 권모편의 공신功臣처럼 깜짝 놀랐다. 하얗게 드러난 등잔의 모습이 마치 컴컴한 방안에 변함없이 올곧은 자세로 앉아 있는 오래된 유배流配의 모습 같아서였다.
깊은 두메에 전깃불이 들어온 것은 일대변혁이었다.
제물로 바칠 돼지 멱따는 소리와 풍물소리가 골짜기를 울리던 점등식 날, 마침내 휘황찬란한 전깃불이 켜진 방안에서 졸지에 처신이 궁색해진 등잔을, 사람들은 흐릿한 불빛 아래서 불편하게 산 것이 네 놈 때문이라는 듯 가차없이 방 밖으로 내쳤다. 손바닥 뒤집듯 할 수 있는 얕은 인간의 마음인 걸 어쩌랴. 이 등잔도 우리 식구 중 누군가가 그렇게 내다버렸을 것이다.

등잔은 너무 소박하게 생겼다. 그래도 방안에 두고 쓰는 그릇이라고 백토로 빚어서 첫물을 발라 구워 낸 공정工程이 정답고 애잔하다. 몸체의 뽀얀 살결과 동그스름한 크기가 아직 발육이 덜 된 누이의 유방 같은데, 등잔 꼭지는 여러 자식이 빨아댄 노모老母의 젖꼭지같이 새까맣다. 그 못생긴 언밸런스를 우리는 당연히 고마워해야 한다. 가난하고 고달픈 밤을 한 점 불빛으로 다독여 주던 등잔 아닌가.

도대체 이 등잔은 어느 방에 있었던 것일까.

옛날에 우리 집에는 안방 등잔부터 윗방, 건넌방, 사랑방, 부엌 거까지 합치면 등잔이 다섯 개 정도는 있었을 것이다. 그중 이 등잔은 어느 방에 놓여 있던 것일까?

깊은 겨울밤, 처마 밑에 서리서리 이어지던 할머니의 물레질 소리와 어머니의 이야기책 읽는 소리가 들리는 듯한 걸 보면 안방에 있던 등잔 같기도 하고, 한쪽 무릎을 세우고 그 위에 수틀을 올려놓은 누이의 다소곳한 그림자를 비추던 불빛을 생각하면 윗방에 있던 거 같기도 하고, 쿨룩거리는 기침소리와 함께 밤을 지새우던 불빛을 생각하면 바깥 사랑방에 있던 거

같기도 하다.

　그러나 등잔 꼭지가 이토록 까맣게 탄 걸 보면 불면의 흔적이 분명한데, 그러면 혹시 건넌방 내 책상 위에 있던 등잔인지 모른다. 아버지가 구체적으로 내게 관심을 보여주신 그 소중한 등잔, 딱 한 번 아버지의 애정을 자식에게 중재해 준 그 등잔 같다.

　어느 해 겨울밤이었다.

　가끔 추녀 끝의 이엉 속에서 바스락거리는 소리가 들렸다. 참새도 잠 못 이루는 밤. 누가 오는 것 같아서 방문을 열면 불빛 밑으로 눈송이가 희끗희끗 내려앉는 밤이었다.

　잠잘 시간을 넘긴 생리현상 때문일 것이다. 등잔 불빛이 점점 흐려졌다. 나는 자꾸 등잔의 심지를 돋웠다. 새까만 그을음 줄기가 길게 너풀너풀 춤을 추었다. 방안에 매캐한 글음 냄새가 가득했다.

　나는 잠들 수 없었다. 헤세의 ≪청춘은 아름다워라≫를 읽고 있었다.

　헤르만 헤세의 '안나'가 시골 역 플랫폼에 내렸다. 헤르만과 롯데가 마중 나와 있었다. 순수하고 아름다운 젊은 날의 사건이 바야흐로 시작되는 대목이었다.

　가끔 방문을 열고 그을음 냄새를 바꾸었다. 상큼한 눈바람이 방안에 봇물처럼 밀려들어와서 가득 찼다.

　밤이 깊었다. 뜰에 올라서서 '탁— 탁—' 눈 터는 소리가 나더니, 밤마실을 다녀오시는 아버지가 찬바람을 안고 방안으로 들어오셨다.

"이 녀석아, 심지만 돋운다고 불이 밝아지는 게 아녀, 콧구멍만 글을 뿐이지."

아버지는 조신조신 말씀하시며 호롱의 심지를 새로 갈아주셨다.

심지는 깨끗한 창호지로 하는 거여. 그래야 맑은 불빛을 얻을 수 있지. 심지 굵기는 꼭지에 낙낙하게 들어가야 해. 굵으면 꼭지에 꼭 끼어서 기름을 잘 못 빨아올리고, 가늘면 흘러내리느니. 그리고 꼭지 끝에 불똥을 자주 털어 줘야 불빛이 맑은 거여."

심지를 갈자, 과연 불이 한결 밝았다.

내가 아버지께 받아본 단 한 번뿐인 성의 있는 관심이었다. 늘 밤길의 먼 불빛처럼 아득해 보이던 아버지가 마음을 내 눈앞에 펴 보이신 것이다. 그날 밤의 아버지에 대한 기억은 장롱 맨 아래 간직해 둔 사주단자보다도 더 소중하다.

겨울밤의 냉기를 몰고 불쑥 방으로 들어오셔서 소년의 두 뺨을 따뜻하게 달구어 주신 투박한 아버지의 사랑을 이어 준 등잔, 그 등잔의 고마움을 나는 전깃불에 반해서 헛간에 내다 버리고 까맣게 잊어버렸다.

나는 등유와 먼지에 절은 받침대와 등잔을 깨끗하게 닦았다. 소장품으로 예우를 하고 싶어서다. 내 마음은 등잔을 아들 방 책상 위에 놓아주고 싶었다. 물론 아들녀석이 등잔불을 밝히고 밤을 지새울 리는 없다. 나는 내 아버지처럼 아들을 위해서 등잔 심지를 갈아 줄 기회는 없을 것이다. 다만 젊은 한 시절 헛되이 보내지 말고 밤을 지새우며 책을 읽으라는 내 간곡한 당부의 마음을 등잔이 아들에게 전해 주기는 할 것 같았다.

그러나 다 부질없는 생각일 뿐이다. 등잔에다 아무리 인문주의적 가치를 부여해서 아들의 책상 위에 놓아 준들 등잔 시대를 살아보지 않은 아들이 등잔을 애장愛藏할 리 없을 뿐더러, 등잔 역시 아들의 책상에 놓인 전기 스탠드의 놀라운 밝기에 스스로 주눅이 들어 처신이 궁색할 뿐이다. 그것은 등잔에 대한 예우가 아니라 등잔을 벌세우는 짓이다. 차라리 헛간의 허섭스레기 속에서 한때 당당했던 발광發光의 보람이나 추억하며 지내게 둔 것만도 못하다.

그래서 등잔을 안방 문갑 위에 놓아두기로 했다. 그리고 어둠을 발갛게 밝혀주는 한 점 불빛, 그윽한 아버지의 심지心地를 느끼기로 했다.

아버지는 중풍이 들어 계신다. 등잔의 불빛처럼 흐린 생애, 심지를 갈아 드릴 수도 없다. 조만간 그 불빛마저 꺼지면 나는 아버지의 생애도 등잔처럼 푸른 산자락에 묻고 잊어버릴는지 모른다.

생명

 자고 나니까 링거액을 주사한 오른팔 손등이 소복하게 부어 있다. 링거액이 샌 모양이다. 나는 깜짝 놀랐다. 멀겋게 부은 아버지의 손, 중풍이 오신 고통스러운 말년의 손을 내가 달고 있는 것이 아닌가! 부자지간의 생명의 바통인가. 나는 아버지의 말년, 그 손을 잡고 병고를 위로해 드리곤 했었다.
 아버지의 손은 퍽 크다. 내 손은 아버지의 손에 비하면 너무 병약하다. 나는 아버지의 손을 숭배한다. 사랑한다. 어쩌면 지금 내 손이 아버지의 손과 똑같을까? 생명은 닮는다는 뜻일까?
 고등학교 몇 학년 때인지 가정실습家庭實習 때다. 집에 왔다가 모내기를 돕게 되었다. 뒷골 천수답에 모내기를 했다. 나도 열심히 모를 심었다. 식구들과 일꾼을 몇을 얻어 가지고 모를 심었다. 아버지는 며칠 동안 빗물을 잡아서 논을 삶느라고 고

뼈에 넓적다리가 스쳐서 피가 날 정도였다.

　우리 농사 중 파종의 대미는 천수답 모내기를 끝마치는 것이다. 힘들고 의미 있는 과정이다. 그 날 점심때, 우리는 오동나무 그늘에 점심 들밥을 차려놓고 먹었다. 신록이 우거진 그늘에서 뻐꾸기가 낭자하게 울었다. 소들은 모를 심느라고 일으켜 놓은 구정물로 엉덩이에 흙덩이가 엉겨 붙은 채 우리 옆 오동나무 그늘 아래서 풀을 어귀적어귀적 씹으며 흘금흘금 오월 강산을 건너다보고 있었다.

　우리 점심 차림은 너무 소박했다. 햇보리 반과 묵은쌀이 반씩 섞인 밥에다 상추겉절이, 배추겉절이, 마늘잎을 넣고 조린 꽁치가 전부였다. 그리고 된장, 지금도 눈에 선한 황금색 튀장(토장) 한 탕기다. 여기서 유의해야 할 그 날의 점심 맛을 내준 것은 마늘잎 꽁치조림이다. 그런데 아버지의 입맛을 내준 것은 황금색 튀장이었던 듯하다. 아버지는 상추이파리 서너 장에 밥을 두어 숟갈 푹 떠서 담고 그 황금색 튀장을 반 숟갈 듬뿍 얹어 꾸기꾸기해서 입에 넣으셨다.

　아버지가 상추쌈을 입에 넣고 눈을 끔뻑하면 목울대가 아래위로 오르내렸다. 앞산을 건너다보며 볼이 미어지게 상추쌈을 잡숫던 중년 농부의 눈, 그 눈에 뻐꾸기 우는 녹음 방창한 산이 한 귀퉁이씩 그야말로 게 눈 감춰지듯 하는 것이었다. 그 쌈밥을 잡고 있던 두 손이 링거에 손등이 통통히 부은 지금의 내 손과 똑같았다.

그 후 가끔 뒷골 천수답에 모내기를 하면서 아버지의 손등을 떠올려보곤 했지만, 실상 아버지 손등을 보고 천수답 모내기 점심밥 먹던 생각을 해본 적은 없다. 점심을 먹고 어디론가 가셨던 아버지는 잠시 후 싱싱한 칡잎에 소복하게 산딸기를 따 오셨다. 디저트를 구해 오신 것이다. 쌈밥처럼 두 손으로 잡고 들고 오신 것이다.

"받아라."

나는 아버지의 손등까지 싸잡아 들었다

아버지의 손은 육감적이고 내 손은 턱없이 왜소하다. 전혀 닮지 않은 손이 운명의 때에 보니 닮아 있다. 아버지와 아들은 닮아 있다.

억새의 이미지

 가을걷이가 끝난 빈 들녘은 농부의 열망이 이삭처럼 널려 있기 때문인지 막 저녁 밥상이 들어간 부엌같이 끓이고 잦힌 온기가 남아 있다. 억새는 그 고즈넉할 뿐 쓸쓸하지는 않은 시절의 대미大尾를 장식하는 들꽃이다.
 억새꽃은 석양을 등지고 서 있을 때가 가장 아름답다. 그래서 그 자리가 억새의 자리처럼 당연스럽다.
 저녁 바람 이는 동구 밖 산모퉁이를 돌아들다가 표표히 나부끼는 하얀 억새꽃을 보면 나는 깜짝 놀라서 걸음을 멈춘다. 저무는 역광에 윤택한 빛깔을 유감없이 드러내는 억새의 도열이 나를 사열관처럼 맞이하기 때문이다. 아, 이 무슨 과분한 열병식인가! 나는 곧 제병관의 인도를 받으며 등장할 사열관을 앞질러 잘못 들어선 열병식장의 남루한 귀환병처럼 돌아서고 싶은데 억새들이 입을 모아 환성을 지른다.

"만세! 수고하셨습니다."

쥐뿔이나 무슨 수고를 하였기에, 언제 한번인들 나를 위해서나 남을 위해서나 분발해 본 적도 없으면서 공연히 격앙되어서 억새를 주목하고 걸음을 멈춘다.

억새는 우리 땅의 여분을 차지하고 자생하는 볏과의 다년생 풀이다. 나무도 못 자라는 바람 센 산정 분지, 뙈기밭 두둑, 등 너머 마을로 가는 길섶, 무덤 많은 야산 발치, 나루터 모래 언덕 같은 데 군락을 이루고 자란다. 억새는 자생 여건이 나쁜 버려진 자투리땅에 뿌리를 내리고 씩씩하고 모질게 자라서 늦가을 황량한 산야를 하얗게 빛내 준다.

억새는 여름날 꼴머슴의 낫질에 호락호락 당하는 나약한 풀이 아니다. 억새를 베려고 낫을 댔다가 섬뜩해서 보면 어느새 억새를 움켜쥔 손가락이 베어져서 피가 난다. 억새 이파리는 소목장小木匠의 작은 톱같이 자디잔 날을 날카롭게 세우고 자신의 의지를 위협하는 힘에 대해서는 완강하게 저항한다. 억새는 이름처럼 억세고 기가 살아 있는 풀이다.

늦가을 석양빛을 등지고 서서 표표히 흔들리는 억새꽃의 담백한 광휘光輝를 보면 여한 없는 한 생애의 마지막 빛남이 어떤 건지 알 수 있을 것 같다.

늦가을 석양 무렵 취기가 도도한 촌노들이 빈 들길에 죽 늘어서서 하얗게 가는 모습을 흔히 볼 수 있었다. 뉘 잔칫집에서 파하고 돌아가는 길이다. 가는 건지 서 있는 건지 한담을 하며 느릿느릿 움직인다. 그러다가 마침내 언성이 높아지고 삿대질까지 오가는 언쟁으로 치닫는다. 대개 별것도 아닌 인생잡사의 견해차를 가지고 다투는 것이다. 삶의 방식에 대한 고집, 작고 필수적이었던 인생관을 주장하는 노경老境의 굽힐 수 없는 자존심이 억새꽃처럼 하얗다. 겨우 일행의 중재로 다툼을 거두고 조금 가다가 일행의 다른 촌노들이 또 다른 견해차로 언쟁을 하면서 행렬을 멈춘다. 그렇게 저무는 들길을 유유자적 걸어가는 촌노들, 갓은 비딱하게 기울었고, 두루마기 자락은 흩어져서 저녁 바람에 서걱댄다. 그 모습이 얼마나 보기 좋은지 나는 목이 메여 속으로 '어르신네들, 수고 많으셨습니다.' 하고 인사를 드리지 않을 수 없다.

  수고를 한 것은 그분네들이다. 간구하고 고난스러운 시대를 살아서 오늘에 이르게 해주신 어른들이다. 억새는 그분들을 위해서 열병 대열을 짓고 있는 것이다. 그에 앞서 내가 지나가면서 목이 메이는 까닭은 억새의 열병 자세의 진실성에 미치지 못하는 부실한 내 삶에 대한 반성이다.

  늦가을 강화도 해안 단애에 서 있는 억새를 본 적이 있다. 호말 떼처럼 불어닥치는 강한 해풍에 숨이 차는 듯 서걱이면서 쓰러지는가 싶다가도 바람이 지치면 다시 일어서던 억새. 그 모습은 마치 흰 중의적삼을 입은 개항기의 민병들이 마침내 무너질 필연의 보루堡壘에서 끝까지 버티던 가긍한 기개 같아

보였다. 막을 수 없는 외세를 막아 보려는 어리석은 짓이 자랑스러운 것은 그게 민족혼이기 때문이다. 잘났든 못났든 오늘에 대한 과거가 고맙지 않은가. 바람 부는 수난의 보루에 표표히 나부끼는 억새가 흰옷 입은 어른들의 감투정신 같아 보여서 눈물겨웠다.

억새꽃의 흰빛은 냉담冷淡의 빛이 아니다. 내색은 않지만 참고 견뎌낸 자신을 고마워하는 조선 여인들의 마음이 깃들인, 메밀 짚을 태워서 내린 잿물에 바래고 또 바랜 무명 피륙 같은 흰빛이다. 가을 햇빛이 쏟아지는 강변 자갈밭에 길게 펼쳐 널은 흰 무명 필을 본 사람은 생각했을 것이다. 거기에 무명 필이 널리기까지의 길쌈공정과 앞으로 홍두깨 다듬이질을 거쳐 옷이 기워지기까지 남은 침선공정針線工程이 얼마나 여인네들의 노고를 필요로 하는 것인지를. 순전히 남정네들의 자긍심을 남루하게 둘 수 없는 여인의 마음, 억새꽃 빛깔에서는 그런 마음씨가 느껴진다.

가을밤 달빛 아래서 사운대는 억새를 보면 발갛게 등잔불이 밝혀진 방문의 창호지를 울리며 밤을 지새는 다듬이질 소리가 들려오는 것만 같아서 귀를 기울이게 된다. 고부간에, 동서간에, 혹은 시올케 간에 마주 앉아서 맞다듬이질 하는 소리는 더없이 그윽하고 맑다. 자지러지듯 빠르게, 멎는 듯 느리게, 크게, 작게, 한없이 이어지는 맑고 애잔한 리듬, 그것은 마음이 맞아야 낼 수 있는 소리다. 혼연일체로 마주 앉아서 시집살이의 애환과 갈등을 비로소 화해하는 소리다. 그 소리를 들으면 동구 밖에서 억새가 달빛 아래 사운대며 서 있는 것이 눈에 선히 보이는 것이다.

이제는 흰옷 입은 노인들의 권위 있는 행렬도 볼 수 없고 가을 달밤에 들려오는 다듬이질 소리도 들을 수 없다.

가난하면서 가난을 가난으로 여길 줄도 모르고 성의껏 살던 삶이 사라져 버린 우리 땅의 여분을 차지하고 억새만 홀로 피어서 어쩌자고 저리도 고결스러운지-.

세한도 歲寒圖
목도리
액자에 대한 유감
어떤 직무유기
약속
고향집을 허물면서
돼지불알
명태에 관한 추억

세한도 歲寒圖

휴전이 되던 해 음력 정월 초순께, 해가 설핏한 강 나루터에 아버지와 나는 서 있었다. 작은증조부께 세배를 드리러 가는 길이었다. 강만 건너면 바로 작은댁인데, 배가 강 건너편에 있었다. 아버지가 입에 두 손을 나팔처럼 모아 대고 강 건너에다 소리를 지르셨다.

"사공―, 강 건너 주시오."

건너편 강 언덕 위에 뱃사공의 오두막집이 납작하게 엎드려 있었다. 노랗게 식은 햇살에 동그마니 드러난 외딴집, 지붕 위로 하얀 연기가 저녁 강바람에 산란하게 흩어지고 있었다. 그 오두막집 삽짝 앞에 능수버드나무가 맨 몸뚱이로 비스듬히 서 있었다. 둥치에 비해서 가지가 부실한 것으로 보아 고목인 듯싶었다. 나루터의 세월이 느껴졌다.

강심만 남기고 강은 얼어붙어 있었고, 해가 넘어가는 쪽 컴컴한 산기슭에는 적설이 쌓여서 하얗게 번쩍거렸다. 나루터의 마른 갈대는 '서걱서걱' 아픈 소리를 내면서 언 몸을 회리바람에 부대끼고 있었다. 마침내 해는 서산으로 떨어지고 갈대는 더 아픈 소리를 신음처럼 질렀다.

　나룻배는 건너오지 않았다. 나는 뱃사공이 나오나 하고 추워서 발을 동동거리며 사공네 오두막집 삽짝을 바라보고 있었다. 아버지는 팔짱을 끼고 부동의 자세로 사공 집 삽짝 앞의 버드나무 둥치처럼 꿈쩍도 않으셨다. '사공―, 강 건너 주시오.' 나는 아버지가 그 소리를 한 번 더 질러 주시기를 바랐다. 그러나 아버지는 두 번 다시 그 소리를 지르지 않으셨다. 그걸 아버지는 치사恥事로 여기신 것일까. 사공은 분명히 따뜻한 방 안에서 방문의 쪽유리를 통해서 건너편 나루터에 우리 부자가 하얗게 서 있는 것을 보았을 것이다. 그러나 도선의 효율성과 사공의 존재가치를 높이기 위해서 나루터에 선객이 더 모일 때를 기다렸기 쉽다. 그게 사공의 도선 방침일지는 모르지만 엄동설한에 서 있는 사람에 대한 옳은 처사는 아니다. 이 점이 아버지는 못마땅하셨으리라. 힘겨운 시대를 견뎌 내신 아버지의 완강함과 사공의 존재가치 간의 이념적 대치였다.

　아버지는 주루막을 지고 계셨다. 주루막 안에는 정성들여 한지에 싼 육적肉炙과 술항아리에 용수를 질러서 뜬, 제주祭酒로 쓸 술이 한 병 들어 있었다. 작은증조부께 올릴 세의歲儀다.

엄동설한 저문 강변에 세의를 지고 꿋꿋하게 서 계시던 분의 모습이 보인다.

목도리

 대관령 못미처 횡계라는 동네가 있다. 지금은 풍부한 강설량 덕분에 스키장이 발달해서 겨울 위락단지가 되었지만, 60년대 말에는 여름에 고랭지 채소와 감자농사를 짓고 겨울에는 적설에 파묻히는 고적하기 이를 데 없는 산촌이었다. 나는 강릉 영림서의 횡계분소 주임으로 그 산촌에서 한 해 겨울을 난 적이 있다.

 그곳의 눈은 선전포고처럼 대설주의보를 앞세우고 왔다. 일기예보는 전국적으로 비가 내릴 거라면서 다만 강원도 산간지방에는 많은 눈이 내릴 것이라고 했는데 그건 횡계를 두고 한 말 같았다. 일반적인 일기가 예보될 때 별도의 일기를 예보해야 하는 고장에 가족을 이끌고 온 나는 내 삶에 대한 우려를 금치 못했다.

질고의 젊은 여류시인의 등단 작품인 〈초설初雪〉을 보면 설국의 첫눈 규모가 어떤지 알 수 있다. 그 시인은 한계령에 내리는 첫눈을 읊었지만 한계령의 첫눈이나 대관령의 첫눈이나 서사적敍事的인 강설 규모이긴 마찬가지다. 그 여류시인은 몰리어 가는 눈발을 '순백의 고요한 화해, 그 눈부심'이라고 표현했다. 한 번의 첫눈으로 그곳은 천지간이 순백으로 하나가 되었다.

그렇게 첫눈이 내린 후 대관령에는 겨우내 간헐적으로 '끝없이 이어지는 흰 깃발의 행렬'같이 눈이 내렸다. 눈이 내릴 뿐 아니라 바람이 눈을 몰다 바람받이에 쌓아서 설구雪丘를 만들어 놓았다. 설구의 곡선은 마치 여인의 둔부같이 아름답기 그지없는데 햇살이 비추면 설백의 탄력 있는 부피가 젊은 성욕을 충동질했다.

어느 날은 바람이 눈을 몰다 우리가 거주하는 분소 관사의 방문과 부엌문에 쌓아서 누가 눈을 치워 주기 전에는 꼼짝없이 방에 갇혀 있는 경우도 있었다. 에스키모인의 눈집이 얼마나 아늑한지 나는 그때 알았다. 잊어버리고 아무도 오지 않으면 눈집 속에서 곰처럼 겨울잠이나 자려고 했으나 사람들은 우리를 잊어버리지 않고 달려와서 눈을 치워 주었다.

백설이 애애한 긴 겨울의 권태를 꾹 참게 하던 내 아이들이 만든 동화童畵 한 폭. 눈이 쌓이지 않은 처마 밑으로 여섯 살짜리 계집애가 네 살짜리 사내애 손을 꼭 잡고 게처럼 모퉁이 걸음으로 가겟방에 과자를 사러 가는 모습이 지금도 눈에 선하다. 저것들을 잘 길러낼 수 있을까? 적설량이 젊은 가장의 기를 죽였으나 부성애가 바람꽃처럼 적설량을 떠들시고 고개를 드는 것이었다.

작은 산골 동네의 적설량만큼이나 무겁고 적막한 침묵은 사람의 의지마저 묻어 버리는 듯했는데, 다행히 '지엠씨'가 끊임없이 대관령 너머에서 명태를 실어다 설원 한복판을 가로지르는 얼어붙은 횡계천에 부렸다. 황태黃太덕장이 설치된 것이다. 그곳에 황태덕장이 설치되지 않았으면 그 겨울을 어떻게 났을지 아득하기만 하다. 동네 사람들은 대부분 겨우내 횡계천에 나가서 명태를 씻었다. 동네에서 건너다 보면 하얀 설원 한가운데서 온종일 작은 삶의 동요가 일어 설원 가득히 파문졌다.

여자들은 명태를 두 마리씩 코를 짓고 남자들은 명태 두름을 냇물에 씻어서 덕장에 매다는 지극히 단조로운 작업이 하루종일 계속되었다. 개인 날 햇살을 되쏘는 눈부신 설원 복판의 움직임이 피안彼岸처럼 아득하게 건너다 보였다, 나는 그 광경을 망막이 아파서 잠깐씩 외면을 하면서 하루 종일 건너다 보았다.

저녁때 하얀 산등성이 너머로 해가 지는 광경은 장관이었다. 온 설원을 빨갛게 물들이며 커다란 해가 손에 잡힐 듯 가까이서 졌다. 나는 장엄한 광경에 가슴 뻐근한 심근경색 증세를 느끼곤 했다.

황태덕장 일꾼들도 그때서야 하루 일을 끝내고 동네로 돌아왔다. 일렬로 늘어서서 동네로 드는 일꾼들의 빨갛게 물든 침묵. 얼마나 춥고 긴 하루였을까. 그러나 나의 연민은 기우일 뿐, 그들의 노을에 젖은 빨간 얼굴에는 새실새실 삶의 기쁨이 피어나고 있었다.

황태덕장에서 돌아온 아낙네가 빨갛게 언 커다란 손으로 아내의 눈처럼 창백한 손을 잡고 "아이고, 손이 이게 뭐래요. 어디 아픈 거래요." 하며 명태 한 코를 건네주고 갔다. 아내는 하얀 빈손이 부끄러워 쩔쩔매며 명태를 받았다. 아내의 손은 권태에 하얗게 지쳐 있었다.

나는 어느 날 강릉 내려가서 '오공오' 털실을 사 왔다. 아내는 하얀 손으로 열심히 그 털실로 목도리를 짰다. 아내는 아주머니들이 황태덕장 일을 나갈 때 시작해서 아주머니들이 손이 빨갛게 어는 온종일 목도리를 짰다. 그리고 긴긴 겨울밤 내내 목도리를 짰다. 밤이 깊어서 그만 자자고 보채도 아내는 조금만 더 조금만 더 하며 자지 않았다. 창밖을 내다보면 하얀 산맥 위로 캄캄한 하늘에 별들이 오들오들 떨고 있는데, 우리 애들은 방안에서 동면하는 다람쥐처럼 곱게 잠들어 있었다. 애들 얼굴을 들여다보면 참 행복했다.

아내는 겨우내 목도리를 짰다. 그리고 명태 한 코를 들고 들르는 동네 아낙네 목에 그 목도리를 감아 주었다.

"새댁, 고마워. 목도리를 목에 감으면 온몸이 다 따스해. 세상없이 추운 날도 추운 줄을 몰라―."

황태덕장 일은 눈 오는 날도 계속 되었다. 가뭇하게 눈발 속에 묻히는 황태덕장, 드디어 시야가 뽀얗게 닫히고 그 넘어서 황태덕장 일은 계속되었다. 하루 종일 저무는 날처럼 어둑했다. 황태덕장 일꾼들이 강설에 묻혀 버리는 게 아닌가 걱정이 되었으나 저녁때면 날은 개이고 역시 설원을 빨갛게 물들이며 해가 졌다. 빨갛게 물든 황태덕장 일꾼들의 행렬. 아내와 나는 애들을 안고 창가에 서서 그 엄숙한 귀로를 맞이했다.

'오공오'는 값싼 화학 털실이다. 아내는 훗날 살기가 좀 나아졌을 때 횡계 황태덕장 아주머니들에게 순모 털실로 목도리를 떠주지 못한걸 아쉬워했다. 그러나 반드시 재료가 품질을 결정하는 것은 아니다. 공정工程이 품질을 결정할 수도 있다. 온몸을 다 데울 수 있는 목도리는 없다. 그러나 아내가 뜬 황태덕장 일꾼들의 목도리는 두르면 온몸이 따습다고 했다. 긴 겨울밤을 지새운 아내의 정성스러운 수작업에 깃들인 마음을 목에 둘러서 그들의 마음도 따뜻했던 것인지 모른다.

저녁때 눈발이 서는 동네로 들어서는 아주머니들이 똑같은 색깔에 똑같은 크기의 목도리를 목에 감고 있는 것을 보면 행복했다. 밤을 지새워 목도리를 짜는 아내 곁에서 산맥의 겨울 바람소리를 듣던 생각을 하면 추위가 얼마나 따뜻한 것인지 새삼 그립다. 인생의 과정들, 어느 하나인들 소중하지 않은 것이 있을까.

아내는 그렇게 바쁜 겨울을 그 다음에는 지내보지 못했다. 적설에 묻힌 한겨울 동안 털목도리를 뜰 수 있게 해준 계기,

횡계 황태덕장 일꾼들이 보여 준 인간적 안색을 고마워했다. 그분들이 준 명태 맛이 그립다. 아내는 눈만 오면 횡계를 생각하고 금방 내린 적설처럼 순박해진다.

액자에 대한 유감

  지방 관아 아전의 집, 품격을 못 갖춘 거실 벽면에 길이 170센티미터, 폭 50센티미터쯤 되는 서예書藝 액자가 하나 걸려 있다.
  액자는 열네 자의 한자를 초서로 쓴 것인데, 내 얕은 진서眞書 실력으로는 고작 여섯 자밖에는 알 수가 없었다. 초서라 모르는 글자를 옥편으로 찾아 볼 수도 없었다. 글자의 앞뒤를 어림짐작으로 맞춰 가며 유추해석을 시도해 보았으나 도저히 해석할 수가 없었다. 그래서 다만 표구表具의 용도로만 걸어 두고 볼 뿐이었다. 내용을 알고 모르고 간에 허전한 벽면에 잘 만든 표구가 한 점 환경 정리용으로 걸려 있다는 것은 좋은 일이다.
  아직 친구들 외에는 이 액자의 내용에 대해서 물어 본 사람이 없었다. 다행한 일이다. 우리 집에는 아직 이 액자의 내용에 진지한 관심을 기울일 만큼 서예에 안목이 깊은 손님이 찾아오지 않았고 앞으로도 찾아올 리 없다. 가끔 흉허물없는 친구가 찾아와서 "야, 이 액자 좋다. 얼마짜리냐?" 하며 표구의 환금성 換金性에만 관심을 기울일지언정 정작 "뭐라고 쓴 거냐? 잘 쓴 거냐?" 하고 문화적 가치에 관심을 기울이는 친구는 없었다. 나하고 같은 문화수준들이기 때문이다. 또 물어 보았다 해도 "나도 잘 몰라." 했을 것이고 친구는 "그럼 이 액자는 개발에 편자 격이네." 했을 터이지만 내 자존심에는 하등 지장이 될 리도 없다.

그런데 요즈음 와서 은근히 걱정이 되기 시작했다. 군에서 제대한 아들놈이 친구들을 데리고 집에 들락거리는데, 다들 대학물을 먹은 녀석들이다. 어떤 녀석은 액자 앞에 한참 서서 제법 서예에 대한 관심이 예사롭지 않은 기색을 보이기도 했다. 그러면 내 마음이 조마조마해졌다. 그런 녀석이 불쑥 글의 내용을 물어 온다면 낭패가 아닐 수 없다. 친구들이 물었을 때처럼 모른다고 한다면 내 체면은 고사하고 그런 아비 앞에 서 있는 자식의 체면은 뭐가 되겠는가.

내가 이 액자의 내용을 잘 모르는 것은 액자가 어느 날 돌연히 불청객처럼 우리 집 거실의 벽면을 점령해 버렸기 때문이다.

이 액자를 선물한 분은 법광法光이라는 스님이다. 이분이 민원관계로 나와 몇 번 만나면서 안면이 익자 식사라도 한번 하자고 청해왔는데 나는 거절을 했다. 내가 청백리라서 그런 것은 아니고, 낯가림을 하는 터라 격식을 차려야 하는 겸상이 싫어서 그분의 성의에 무례를 범한 것뿐이다. 그런 나를 스님은 목민심서牧民心書 푼어치나 읽은 청백리인 줄 알았던지 과분하게도 액자를 선물했다.

액자는 인편에 집에 보내왔다. 액자를 가져온 사람은 물건을 전했다는 인수증만 받아갔지, 정작 액자 내용은 전해 주지 않았다. 그 후 스님을 만났을 때 액자를 주셔서 고맙다고 인사를 하면서 액자의 내용은 물어 보지 못했다. 내 무식을 감추려는 가증스러운 의도가 반이고, 내 학식 정도를 믿고 액자를 선물한 분에게 "뭐라고 쓴 글씨를 준 거요?" 하고 묻는 게 "당신은 개발에다 편자를 달아 주었어." 하는 것처럼 선의에 대한 무례 같아서 못 물어 본 게 반이다.

이 액자를 받았을 때 소심한 나는 당황했다. 값비싼 서예품이면 어쩌나 싶어서였다. 다행히 낙관落款이 찍힌 곳에 법광이란 그 스님의 법명이 쓰여 있어서 구입한 것이 아니고 스님의 자필이라는 데 일단 안심은 되었다. 뇌물이 아니라는 판단 때문이다. 그런데 은근히 걱정이 되었다. 스님이 국전에라도 오른 서예가라면 어쩌나 하는 것이다. 그런 분의 액자라면 돈이 되는 미술품으로 시골 군청 주사主事의 집에 걸어 놓기에 과분한 뇌물일 수도 있기 때문이다.

액자는 내게 사람의 마음이 얼마나 간사한가를 일깨워 주었다. 액자에 대한 내 바람은 이율배반적이었다. 처음에는 액자의 글씨가 명필名筆이 아닌, 내 처지에 맞는 글씨이기를 바랐다. 그런데 차차 욕심이 생기기 시작했다. 이 액자는 내가 몰라서 그렇지 필력筆力을 다해서 써 준 명필일 거라는 과대망상을 하기 시작했다. 날이 갈수록 그 욕심은 더해져서 당초 내 신분에 적합한 글씨이기를 바랐던 마음은 깨끗이 사라지고 오히려 이분이 내 존재를 가벼이 여기고 재주도 없는 주제에 시건방지게 초서로 후려 쓴, 별것도 아닌 글씨를 준 것이나 아닌가 하는 의구심 때문에 자존심이 꿈틀거렸다. 만약 그렇다면 '이놈에 중놈을—' 하는 오기까지 생겼다. 결국 내 이중인격이 나를 더 속상하게 했다. 액자는 볼 때마다 내게 갈등을 가하는 애물단지가 되었다.

그러나 내 집에 와서 걸린 이상 액자의 글씨의 내용과 가치를 올바로 알아야겠다는 생각이 들었다. 그래서 나는 액자를 사진에 담아 가지고 아는 서예학원 원장에게 보였다.

그는 사진의 글씨를 보더니 대뜸 "초서일수록 획과 점의 생략이 분명해야 하는데 그렇지도 못하고, 초서에 능숙지 못해서 필력도 약해. 글씨에 헛멋만 넘쳤어." 시큰둥하게 글씨 평을 하더니 "썩 잘 쓴 글씨는 아니지만 보통 솜씨는 되는 글씨요. 거실에 걸어 놓아도 부끄러울 것은 없겠소." 하고 나를 위로하듯 말하는 것이었다.

내가 처음에 바랐던 대로 내 분수에 맞는 글씨라는 말인데 왜 마음이 그리 허전한 것일까. 나는 사진에 담아 간 글씨를 보고 그가 감탄을 하여 마지않기를 바랐다. 글씨에 감탄할 서예학원 원장의 얼굴을 나는 자만스럽게 바라볼 마음의 준비까지 다 하고 있었는데 의외로 변변치 못한 평을 받고 보니 맥이 풀렸다. 그래서 나는 그 서예학원 원장을 사이비 서예가든지, 아니면 글씨가 좋아서 질투를 하는 것이든지, 또는 '추사 김정희'가 '원광 이광사'의 글씨를 잘못 알아보았듯 편견을 가지고 글씨를 잘못 본 것이라고 생각했다. 세월이 지나서 서예학원 원장의 인생과 필력이 원숙해지고 서예가 경지에 이르면 비로소 이 액자의 진가를 실토하지 않고는 못 배길 명필일 것이라고 자위했다.

서예학원 원장은 액자의 글씨를 초서에서 전서篆書로 옮겨 써가지고 해석을 해주었다.

    世與靑山何者是 (세상에 어느 것이 옳으냐)
    春光無處不開花 (봄빛이 없는 곳에 꽃이 피지 않는다)

액자의 내용은 공직자에게 귀감龜鑑되는 글이었다. 행정은 모름지기 꽃을 피우는 봄빛 같아야 하느니라, 하는 것 같았다. 내가 목민심서를 못 읽어 보아서인데 그 서책에 들어 있는 글귀나 아닌지ㅡ.

그 스님이 민원 해결에 고충을 겪은 나머지 공직자인 내게 충고를 한 것인지, 아니면 시원스럽게 해결을 보아서 기쁜 나머지 칭찬을 한 것인지는 알 수 없지만, 공직생활의 바른 좌표를 설정해 준 한 말씀 같아서 귀하게 여겨졌다. 비단 공직자에게만 해당되는 말이 아니라 삶의 보편적 가치 기준일 수도 있다는 생각이 들었다. 그래서 나는 자식의 친구들이 이 액자 앞에 서면 얼른 나서서 글귀를 자랑스럽게 설명해 주고 '너희들도 봄빛같이 살아라.' 하고 덕담을 추가해 주고 싶어졌다.

아무튼 명필의 여부를 떠나서 되새김질해 볼 의미 있는 글귀를 지방관아 아전의 집 거실 벽면에 걸어 준 그 스님의 진의가 느껴져서 좋았다. 당신의 삶이 비록 벼슬살이에는 못미치더라도 꽃을 피우는 청산 같은 행정을 일필휘지一筆揮之같이 시행할 때, 당신은 올바른 인생을 사는 거라는 설법說法의 요약 같아서 액자를 바라보면 '암, 깨끗한 구실아치가 때 묻은 벼슬아치보다 낫지.' 라는 아전인수격인 생각이 직업의 사기를 진작시키는 것이었다

어떤 직무유기

 '강릉 영림서 진부관리소'에 근무할 때 이야기다.
 섣달 그믐날이었다. 하루 종일 눈이 내렸다. 저녁때가 되자 서울서 내려온 강릉행 귀성버스들이 모두 진부 차부 앞 대로변에 꼬리를 물고 멈춰 서서 불야성을 이루었다. 언제 대관령 눈길이 열릴지 모르는 마당에 젊은 승객들은 설국雪國의 낭만에 신명이 나서 진부 장터를 들개처럼 쏘다녔다.
 처음으로 객지에서 맞이하는 섣달 그믐인데다 눈까지 하염없이 내려서, 나는 온종일 일이 손에 잡히지 않고 고향 생각만 났다. 고향에 아내와 세 살짜리 딸이 있다. 고향으로 머리 둔 짐승은 모두 귀성歸省을 하는 세밑이다. 객지에 나간 남편이 오나 싶어서 수시로 동구밖을 내다볼 아내의 얼굴과 방싯방싯 웃는 세 살바기의 얼굴이 눈에 밟혔다.

퇴근 무렵 소장이 나와 선배 직원 권 주사를 소장실로 불러들였다.

"밤이 깊거든 둘이 노동리에 가서 기소중지 중인 도벌꾼을 잡아 오시오."

소장의 말인즉슨, 섣달 그믐에다 눈까지 이렇게 쌓이는데 제 놈이 처와 새끼 생각나서 삼수갑산을 가는 한이 있어도 집에 안 돌아오고는 못 배길 거라고 했다. 나는 섣달 그믐날 밤, 눈에 묻히는 산골동네에 가서 기소중지자를 잡아오라고 시키는 소장의 명령이 아무리 직무라지만 비정하다는 생각이 들었다.

"소장님, 눈을 피해서 동네로 내려온 산짐승은 안 잡는 법인데요."

권 주사도 나와 동감이었던지 소장에게 감히 한마디 했다.

"그는 산짐승이 아니고 범법자야, 당신은 범법자를 잡을 의무가 있는 사법경찰관이고. 그 점을 명심하란 말이야. 눈을 피해 들어왔든, 눈에 숨어 들여왔든, 놓치지 말고 반드시 잡아와."

소장이 벌컥 화를 냈다. 한 길에서 늙어 버린 직업인의 단호한 소신이었다.

자정이 넘어도 눈은 하염없이 내렸다. 우리는 소장이 수배해 준 제재소의 산판차를 타고 노동리에 갔다. 라이트도 켜지 않고 눈빛[雪光]에 길을 더듬어 설백[雪白]의 골짜기로 깊이 빠져들어갔다. 산골 마을은 눈에 묻혀 사라져 가고 있었다. 도벌꾼의 오두막집도 방심한 채 눈 속에 깊이 파묻혀 있었다.

고향 건넌방 방문에 밝혀진 발간 불빛이 눈에 선했다. 어린 것은 눈처럼 소록소록 깊이 잠들고 아내는 혹시나 하고 밤을 지새우며 나를 기다릴 것이다. 눈은 소복소복 댓돌 아래까지 쌓이는데 책을 들고 깜박깜박 조는 아내의 모습이 보이는 듯했다.

우리는 먹잇감을 덮치려는 포식동물처럼 웅크리고 오두막집으로 숨어들었다. 댓돌 위에 하얀 여자고무신 한 켤레와 남자 농구화 한 켤레, 그리고 조약돌같이 작은 까막고무신 한 켤레가 나란히 놓여 있었다. 분수적게 큰 남자 농구화는 다 헐고 흠뻑 젖어 있었다. 신발의 모습에서 방안에 잠들어 있는 도망자의 핍박逼迫한 날들을 한눈에 알아볼 수 있었다.

지금도 가끔 박목월 님의 시집에서 〈가정〉을 읽게 되면 그때 그 도망자 일가의 신발 모습이 선연하게 눈에 떠오른다.

> 내 신발은
> 十九文半.
> 눈과 얼음의 길을 걸어,
> 그들 옆에 벗으면
> 六文三의 코가 납작한
> 귀염둥아 귀염둥아
> 우리 막내둥아

권 주사는 뒷문을 지키려고 뒤꼍으로 돌아가고, 나는 봉당에 올라가서 방에다 대고 차마 입이 떨어지지 않는 소리를 조용히 무겁게 던졌다.

"계십니까? 영림서에서 왔습니다."

방안에서 당황하는 인기척이 났다. 불이 켜지고 어린애가 깨서 울었다. 잠시 후 도벌꾼이 방문을 열고 나왔다. 뒷문으로 달아나지 않고 앞문으로 당당히 나왔다. 거기까지는 참 잘한 짓이었다. 그가 만일 뒷문으로 달아나려고 했다면 우린 그의 비열성卑劣性에 동정의 여지도 없이 수갑을 채웠을 것이다.

도벌꾼이 댓돌에 걸터앉아서 묵묵히 농구화를 신고 신발 끈을 졸라맬 때, 우리는 말없이 지켜보고만 있었다. 그게 문제였다. 농구화 끈을 졸라매는 도벌꾼의 의지를 몰랐다면 사법경찰관의 직무능력이 모자라는 것이고, 알고도 모르는 체했으면 직무유기가 되는 것인데 우리는 감상에 잠겨 도망자를 앞에 놓고 방심하고 있었다. 방심이라면 직무태만이라고 볼 수 있을까? 아니다. 사실은 농구화 끈을 졸라매는 도벌꾼의 의지를 짐작하면서도 소리내서 우는 어린것을 안고 소리 없이 우는 젊은 아낙의 애련한 모습에 우리는 의당 취할 필요한 조치를 하지 않은 것이다. 그러니 변명의 여지가 없는 직무유기랄 수 있다.

도벌꾼이 앞장을 서서 사립을 나서고 우린 그의 뒤를 따랐다. 그런데 사립을 나선 도벌꾼이 '지엠씨'가 대기하고 있는 동구 쪽으로 가지 않고 반대편 방향인 운두령 쪽으로 적설을 온몸으로 헤치며 노루 모둠발질 하듯 껑충껑충 뛰어갔다. 생각지 않은 돌발 사태에 우린 망연했다. 설원에 필사적인 흔적을 남기며 도벌꾼은 도망을 치고 있었다. 우리는 어처구니가 없어서 서로 얼굴만 쳐다보았다. 나는 도벌꾼의 도주에 인간적 배신을 느끼고 발끈해서 그의 뒤를 쫓아가려고 했다. 권 주사가 내 소매를 잡으며 어리석은 짓이라는 눈짓을 했다. 죽기 살기로 도망치는 자를 따라잡는다는 것은 불가능한 일이다. 절박한 마음의 거리는 좁힐 수 없는 것이다.

아내와 아기가 눈발 속으로 사라지는 가장의 뒷모습을 바라보았다. 아기가 훗날 기억할는지 모르지만, 아버지답지 못한 도벌꾼의 비열에 나는 비애를 느꼈다. 이 눈 속에 어디로 갈 것인가. "아빠 까까 사 가지고 올게." 아기에게 그렇게 말하고 의연하게 연행되었으면 얼마나 좋았을까 하는 아쉬움이 남았다.

그때 권 주사가 울고 있는 도벌꾼 아내와 어린것에게 다가가서 말했다.

"아가야, 아빠 까까 사러 갔다."

나는 지금도 가끔, 문득 그 말이 생각나서 목젖이 뜨끔하다. 인간적 배려의 한마디였다. 그때 그 모자에게 그보다 더 필요한 말은 있을 수 없다. 권 주사는 어떻게 그 말을 할 줄 알았을까. 그 한마디는 도벌꾼 아내의 눈 위에 주저앉으려는 마음을 부축해 주었음은 물론이고 어린것에게는 아빠에 대한 이미지를 보전해 준 것이다. 나는 권 주사가 한 말을 지금도 잊지 못한다.

선배는 괜히 선배가 아니다. 한 길에서 얻은 직업적 슬기 때문에 선배다.

"당신들은 분명히 직무를 유기했어, 눈길이 열리거든 원주 지청에 가서 담당 검사에게 사실대로 수사보고를 하고 응분의 문책을 받도록 하시오."

소장의 명령은 단호했다. 우리는 소장의 명령대로 원주지청에 가서 담당 검사에게 솔직하게 수사보고를 했다. 다행히 젊은 검사는 직무가 태만했다고 우리에게 시말서를 받는 것으로 일을 종결해 주었다. 젊은 검사가 어떻게 그런 아량을 베풀 줄을 알았을까. 깊은 적설의 골짜기에서 나온 부하 직원의 딱한 행색에 대한 측은지심이었는지, 위계位階의 우월의식이었는지는 알 수 없다.

공무원의 직무유기는 구속 수사할 사안이다. 우린 공무원으로 참 위험한 짓을 했다. 만일 검사가 우리를 금품을 수수하고 피의자를 놓아 주었다고 오해를 했으면 시말서로 끝날 일은 아니었다.

지금도 눈이 소담스럽게 내리는 밤이면 그때가 생각난다. 소리내서 울던 어린것과 소리 죽여 울던 새댁의 애처로운 모습을 생각하면 도벌꾼을 놓친 게 아니고 놓아 준 거라고 생각하고 싶다. 함박눈이 내리는 밤의 직무유기가 내 인생의 공덕인 양 흐뭇하기 때문이다.

약속

"내년 봄에 꼭 올게."

30년 전에 예닐곱 살 먹은 산정山頂 소년의 면전에서 그렇게 약속을 하고 까맣게 잊어버리고 말았다. 당면當面을 모면하려고 한 거짓말은 아니었으나 결과는 그리 되고 말았다.

소년은 내 약속을 믿고 미처 눈도 다 녹기 전부터 복수초꽃처럼 피어서 뽀얀 바람 뒤에 가뭇하게 묻히는 산맥을 얼마나 간절한 마음으로 바라보며 서 있었을 것인가.

지금의 영악한 도시 아이들 같으면 거짓말을 알 나이지만 그때 그 소년은 중중히 이어간 산맥의 그림자와 별빛과 바람소리와 나무의 침묵과 야생화의 수줍은 미소밖에 아는 게 없는 어린 산짐승이었다.

그 해 가을도 꽤 깊어서, 영림서 직원인 나는 박지산 국유림내의 방화선防火線 보수작업을 끝마치고 일꾼들을 데리고 속칭 육백마지기라고 부르는 고원을 내려오고 있었다. 표고 천 미터가 넘는 고원의 관목은 이파리를 다 떨구고 더욱 낮게 몸을 웅크린 채 겨울맞이 준비를 끝냈고, 고원 조금 아래 조림을 한 낙엽송 어린 숲이 가는 가을을 노랗게 울어예고 있었다. 그 황량한 늦가을의 고원 산길에서 나는 오도가도 못하고 서 있었다.

일꾼들은 낙엽송 조림지를 향해서 산길을 부지런히 내려가고 있었다. 선두는 이미 낙엽송 숲 들머리에 이르러 "목 주사님, 빨리 오세요, 해 지겠어요." 하고 소리를 질렀다. 그런데 소년은 내 앞을 가로막고 비켜 주질 않았다. 청노루 새끼 같은 맑고 커다란 눈에 간절함이 가득 고여서 금방이라도 방울방울 눈물을 지을 것만 같았다. 나는 소년을 비켜 갈 수가 없었다. 눈보라치는 겨울산정에서 동무도 없이 겨울을 나야 할 소년의 참담한 고적이 태산같이 내 앞을 가로막고 있어서였다.

"내년 봄에 꼭 올게."

"안 돼. 아저씨 못 가."

진부 읍내까지 산 아래 막동리에서 50리 길을 가야 하는데 해가 지고 있었다. 그렇다 하더라도 다급한 나머지 소년에게 지키지 못할 약속을 한 건 아니다. 봄이면 나는 산불을 감시하러 순산차 육백마지기에 올라와야 하기 때문에 확신을 가지고 한 약속이었다.

고원에는 통나무집이 한 채 있었다. 옛날에 스위스 신부들이 양을 치느라고 지어 놓은 집인데, 늙은 심마니 내외가 소년을 데리고 그 집에 살았다.

방화선 보수작업을 하는 열흘 동안 우리는 통나무집 윗방에 묵었다. 소년은 처음 많은 사람을 보고 좋아서 어쩔 줄을 몰라 했다. 우리와 같이 윗방에서 기거하며 어른들이 하는 말을 노루 새끼처럼 귀를 쫑긋거리며 들었다. 소년은 밤이 깊어도 아랫방으로 내려가지 않고 내 옆에서 잠이 들곤했다.

여남은 명이 좁은 방에서 잠을 자려니까 몹시 불편했다. 어떤 때는 일꾼의 고단한 발길질에 걷어 차이기도 했다. 그러면 나는 소년이 깨지 않게 조심스럽게 일어나서 밖으로 나왔다. 그때 소년은 노루 새끼 같은 야성으로 깜짝 잠이 깨서 나를 따라 나왔다.

낮에는 포효하듯 불던 바람이 밤에는 잤다. 나는 소년을 꼭 안고 추녀 밑 바람벽에 기대 앉아서 산맥의 밤을 바라보았다. 바람벽도 따뜻하고 소년도 따뜻했다. 품에 안긴 소년의 작은 심장 박동이 내 가슴에 전해 왔다.

밤의 어렴풋한 산맥은 참 신비했다. 낮에 중중히 줄서 가던 산봉우리들이 모두 제자리에 앉아서 잠이 들었다. 꼭 방화선 보수작업 일꾼들 곤히 잠든 어깨처럼 순박하고 꿋꿋한 산등성이의 선들. 아득한 골짜기에 서린 밤안개가 이불처럼 산맥의 발치를 덮고 있었다.

그 밤의 산정에서 생명이 생명을 안고 체온을 나누는 게 얼마나 행복한 건지, 나는 참 큰 체험을 했다.

바람에 항거하며 몸부림치던 산정의 관목들도 트집하던 어린애처럼 소릇이 잠들었는데 왜 그렇게 가여운지 나는 관목들의 숨소리에 귀를 기울였다. 관목들이 잠결에 '흑-' 하고 흐느끼는는 듯했다.

별은 손만 뻗으면 한 움큼이라도 움킬 수 있을 듯 머리 바로 위에 뿌려져 있었다.

"아저씨, 저게 무슨 별인지 알아?"

어느 별을 가리키는 건지 알 필요가 없었다. 보나마나 나는 소년이 가리키는 별자리에 대해서 아는 바가 없고 소년도 마찬가지다. 그래도 모른다고 해서는 안 된다. 나는 소년이 실망할까 봐 들은 풍월의 별자리 이름을 되나마나 주워댔다.

"그건 작은곰."

"저건?"

"그건 큰곰."

소년을 기쁘게 해 주기 위한 거짓말도 거짓말은 거짓말이다. 그 거짓말이 탄로난 지 이미 오래 되었으리라. 소년은 자라서 어느덧 사십을 넘긴 나이다. 별자리에 대한 상식쯤은 생겼을 터이고, 혹시 천문학을 공부했다면 별자리에 대해서는 소상하게 알 터인데 나를 얼마나 형편없는 거짓말쟁이라고 경멸했을까.

내가 소년에게 봄에 꼭 온다고 약속하고 고원 육백마지기에 가지 못한 것은 그 해 겨울 급작스럽게 충북도청으로 근무지가 이동되었기 때문이다. 나는 새 근무지에서 말단 공무원의 고달픈 직무와 그 박봉으로 삼남매를 기르는 데 여념이 없었다. 자연히 고원 육백마지기의 어린 소년에 대한 기억도 까맣게 잊고 살았다. 지난 여름 휴가지 억수리의 숲에서 여섯 살짜리 손자 승주를 업고 숲 사이로 별을 보다가 우연히 그 소년을 생각하게 된 것이다.

"아저씨, 그럼 눈 녹고 바람꽃(황사현상) 피면 꼭 와."

"그래—."

30여 년 전의 울먹이던 어린 목소리가 잦아드는 산바람 소리처럼 아련히 들려왔다. 그 산바람 소리처럼 허망하게 날아간 약속을 소년은 얼마나 기다렸을까. '미안하다. 정말 미안하다.' 승주를 그 산정에 남겨 두고 온 듯한 착각에 가슴이 메어 오는 것이었다.

나는 그날 산정 소년에게 내 산림 경찰관의 작업모를 씌워 주고, 산불조심 완장을 채워 주고, 호각을 목에 걸어 주었다. 그리고 아저씨 대신 산림 경찰관 노릇을 잘하고 있으면 뽀얗게 바람꽃 이는 이른 봄에 꼭 오마고 약속을 했다. 그제야 소년은 길을 비켜 주었다.

일꾼들이 기다리는 낙엽송 숲 들머리까지 가서 뒤돌아보니까 소년이 바위 위에 올라가서 조만간 숲속으로 사라질 우리를 바라보고 서 있었다. 지는 늦가을 햇빛에 드러난 조그만 한 점, 외로움의 실체가 눈물겨워 차마 숲속으로 난 길로 들어설 수가 없었다. 낮에는 중중한 산봉우리와 밤에는 별들이 고작 소년의 동무일 뿐인 산정에서 소년은 긴 겨울을 어떻게 날 것인지.

막 숲속으로 들어서려는데 호각 소리가 들려왔다. 그 금속성 소리가 내 뒷덜미를 낚아채는 것 같았다. 소년은 내가 목에 걸어 준 그 호각을 떼쓰듯 불고 있었다.

"아저씨, 꼭 바람꽃 일면 와야 돼."

호각 소리가 내 약속의 주의를 환기시키는 듯했다.

소년을 생각하고 즉시 육백마지기 아래 있는 막동리에 갔다. 그 당시 방화선 보수작업을 했던 이장을 찾아보았다. 칠십을 훨씬 넘긴 노인이었다. 소년을 본 것처럼 반가웠다. 소년에 대해서 물어 보았더니, 심마니 노인 내외는 이태쯤인가 더 육백마지기에 살다가 소년을 학교에 보내야 한다며 대화장터로 내려갔다고 했다. 봄에 산나물을 뜯으러 육백마지기에 올라가면 소년이 멀리서 호각을 불면서 산토끼처럼 달려와서 "나는 산감 아저씬 줄 알았잖아." 하고 시무룩해서 내가 일러준 대로 산불조심을 당부하더라는 것이다.

소년은 지금 어디서 무얼 하고 살까. 만나서 약속을 지키지 못한 경위를 꼭 설명해 주고 싶다. 인생이란 어차피 지키지 못할 약속을 하면서 요령껏 당면을 피해 가는 것이라는 비뚤어

진 생각으로 어느 길을 가고 있지나 않을까?

젊은 날 소년을 안고 밤을 지새운 산정 육백마지기에 올라가 보고 싶었으나 산길이 풀숲에 묻혀 사라진 그 높은 산정까지 올라가기란 불가능한 일이었다. 영림서에서 닦아 놓은 임도를 따라서 맞은편 산중턱까지 올라가서 육백마지기를 쳐다보았다. 아득한 산맥의 높이와 넓이를 가득 채운 시커먼 숲의 그늘, 그 산맥에 비해서 사람의 세월과 기억 같은 것은 너무 작고 허망한 것이었다.

"얘야 ―, 정말 미안하다."

산정에서 아직도 소년이 호각을 불면서 나를 기다리고 서 있는 것만 같아서 차마 발걸음을 돌리지 못하고 산그늘은 지는데 목이 메어 왔다. 청산을 넘어가는 구름처럼 세월의 덧없음이여!

고향집을 허물면서

　잠실蠶室로 쓰던 헛간에 세간을 전부 옮겨 놓고 나자 하루해가 설핏했다. 둘째와 막내는 돌아가고 나는 안방에서 마지막 밤을 보내기로 했다. 아침 일찍 포크레인이 집을 헐러 오기로 되어 있기도 했지만 나는 내일이면 허물어질 이 집에서 마지막 밤을 보내고 싶었다.
　세간을 비워 낸 빈집은 마치 공연을 끝내고 장소를 옮겨가기 위해서 내부를 비워 낸 서커스단의 빈 천막처럼 썰렁했다. 기우는 늦가을 엷은 저녁 햇살이 아쉬운 듯 마루 끝에 잠시 머물렀다. 마음 둘 곳이 없어 마당에 서성거렸다.
　세간이래야 할머니와 어머니가 시집올 때 해가지고 온 낡은 장롱을 비롯해서 이불과 옷가지 그리고 옹기와 사기들이 전부지만, 우리 식구들의 기쁜 웃음과 허망한 한숨이 밴 피붙이

같은 세간들이다. 그 세간을 비워 낸 집은 집이 아니고 삶이 머물렀던 흔적일 뿐이었다. 글음에 그을린 납작한 초가집은 마치 다 짜먹은 노모의 가슴팍처럼 빈약하기 그지없다.

할머니와 아버지가 가계家系를 이끌고 가시던 시절의 이 초가삼간은 고래등같이 펑퍼짐하고 그득했었다. 하루 일을 끝내고 마루 끝에 걸터앉아서 저무는 앞산을 바라보시던 할머니의 만족스러운 옆얼굴과 방울을 쩔렁거리며 외양간으로 곧장 들던 황소의 고삐를 잡은 꿋꿋한 아버지의 등허리에 내려앉던 어둠, 아궁이의 불빛이 부엌을 밝히고 기명 부딪히는 소리가 바쁘게 들려오던 저녁때의 이 집은 융성한 기운이 가득 차 있었다.

이 집의 안방에서 할머니는 세상을 뜨셨다. 향년 97세였다. 청상에 홀로되어 삭정이같이 사그라진 농부農婦의 생애에 수의를 입히며 꺽꺽 우시던 아버지의 떨리는 손길이 눈에 선한데, 그 아버지도 이 방에서 중풍으로 쓰러져 반신불수가 되셨다.

우리 오남매도 이 안방에서 비릿한 냄새를 피우면서 태를 갈랐다. 어머니는 부석부석한 얼굴로 삼굿같은 아랫목에 앉아서 첫국밥을 드셨으리라. 내가 태어났을 때는 열아홉 새신랑인 아버지가 헐레벌떡 읍내 장터에 가서 미역을 사오셨다고 한다. 막내가 태어났을 때는 열여섯 소년인 내가 서리 아침에 이마에 떡시루처럼 김이 오르도록 읍내에 달려가서 미역을 사왔다. 이 집 안방에서 고고한 소리를 지르며 우리가 태어났고,

어른들은 진동하는 곡성을 받으며 세상을 뜨셨다.

그런 이 집을 허무는 것은 아버지의 불편한 여생을 위해서다. 지난해 아버지는 중풍으로 쓰러지셨다. 다행히 치료의 경과가 좋아서 당신 손수 대소변은 가릴 수 있으시지만 그것도 집안에 장애인용 화장실이 설치되어 있을 경우이고, 뜰과 마루가 높고 마당귀퉁이에 뒷간이 설치된 시골집에서는 누구의 도움 없이는 불가능한 일이다. 그래서 아버지가 혼자 마당까지 나오셔서 땅을 밟아도 보시고, 용변도 혼자 볼 수 있는 동선動線 구조의 집을 새로 짓기로 한 것이다. 지체장애인이 되신 아버지의 생활 편리를 위한 것이 명분이지만 자식인 우리가 부모 모시기에서 좀 자유로워 보려는 욕심 때문인 게 사실이다.

군불을 지피고 안방에 들어와서 혼자 우두커니 앉았다. 밤이 깊어 간다. 젊은 날 나는 이 안방에서 밤을 지새우며 물레를 돌리시는 할머니 옆에 배를 깔고 엎드려서 책을 읽었다. 네프로도프의 양심에 동감하여 끝없는 눈벌판을 방황하기도 하고, 유고슬라비아의 참담한 민족적 편견에 분개하며 드리나강의 다리에 서 있기도 하고, 헤세의 ≪청춘은 아름다워라≫를 읽으며 사랑할 소녀가 없는 내 가난한 젊음을 서러워도 하고, 황량한 폭풍의 언덕에서 캐서린을 기다리는 히스클리프의 애증愛憎을 동정도 했다. 그렇게 젊은 날, 나의 세계였던 오두막집의 마지막 밤은 속절없이 깊어갔다. 방안에 붕붕거리는 물레소리가 가득했다. 할머니의 섭섭한 얼굴이 보였다.

이 집은 비록 초라한 초가삼간 오두막집이었지만 사대봉사 四代奉祖를 하는 종가집이었다. 내 유년시절에는 증조부 제사에 참례하러 동짓달 찬바람에 백발이 성성한 종증조부께서 노루목 강벼루 길을 지나 살미 지름길로 해서 쇠재를 넘어, 그 먼 칠십 리 길을 걸어서 찾아오시던 집이다. 삽짝 안에 들어서서 지팡이에 노구를 지탱하고 가쁜 숨을 고르시던 하얀 노인네를 식구들이 달려 나가서 집안으로 모셔 들였다. 유독 나에게 기대에 찬 눈길을 주시던 노인의 의중은 내가 종손이기 때문이었을 터인데, 종가집을 허무는 내게 저승에 계시는 그 어른이 변함 없는 눈길을 주실지 우려된다.
　일문의 종가가 내일 아침이면 포크레인의 삽날에 허물어질 것이다. 경위야 여하튼 간에 종손인 내가 종가집을 헐게 되어 조상님께 면목이 없지만 그래도 새집을 지어 드리는 것이니 죄스러운 일은 아닌지 모른다. 그러나 한 가문의 보존해야 할 소중한 내력까지 다 허물어 버리는 것 같아서 일말의 가책을 느끼지 않을 수가 없는 것이다.
　아침이 되었다. 포크레인이 도착했다. 포크레인은 가소롭다는 듯 상기둥을 삽날로 밀어붙였다. 집은 '우지직' 하는 힘없는 비명을 남기고 폭삭 허물어지고 말았다. 허무했다. 미루나무 꼭대기에 얼기설기 틀어 놓은 까치둥지도 태풍 앞에 온전히 버티어 내거늘, 우리 가문을 면면이 이어온 삶의 응력應力이 그뿐인가. 포크레인 삽날 앞에 숨결 같은 뽀얀 먼지를 풍기며 거짓말처럼 허물어졌다. 나는 배신감을 느꼈다. 그래도 포크레인이 끙끙거리고 힘을 들인 연후에야 문명의 이기 앞에는 역부족이라는, 설득력 있는 모습으로 무너질 줄 알았다. 그렇게 무기력한 모습으로 무너질 줄은 몰랐다. 허무하기 그지없는 일이었다.

집은 삶이 담겨 있을 때에 탄탄히 버티어 내는 힘을 지니는 것일까? 나는 집이 허물어지는 모습을 임종하듯 지켜보았다.

돼지불알

　농사꾼이라면 가을걷이가 다 끝난 상달 저녁때쯤, 사랑 아궁이에 저녁 군불을 지피고 앉아서 쇠죽솥의 여물 익는 냄새에 잔잔한 행복감을 느낄 수 있다. 잘 마른 장작이 거침없이 불타는 평화로운 화력에 마음을 데우면 농사꾼은 대개 풍흉의 사실과 관계없이 하등의 불만도 없게 마련이다.
　초겨울 저녁 군불 아궁이 앞에 앉아 있는 평안은 아무나 알 수 있는 것은 아니다. 군불을 때 본 사람만 안다. 그래서 삶은 공평하다. 당쟁의 와중에서 전전긍긍하는 당상관님께 큰사랑 불목하니가 충복의 도리로 "영감마님, 심기가 불편하시면 군불을 때 보소서. 한결 마음이 편해지실 것이옵니다." 하면 당장에 불호령이 떨어질 것이다. "저 놈이 실성을 했나, 형틀에 매고 양반을 희롱한 죄만치 쳐라." 모르면 쥐어줘도 모른다고 했다. 무지 앞에서는 충정衷情도 희롱이 된다.

그때 울을 넘어와서 나의 안분지족을 무차별적으로 공략하던 냄새가 있었으니, 앞집 원규 어르신네가 잔칫집 돼지를 잡고 떼어 온 돼지불알 굽는 냄새였다. 원규 어르신네는 우리 동네 과방장이로 잔칫집 돼지는 그분이 잡았고, 돼지불알도 그분 차지였다.

맡아 본 사람이면 알지만 돼지불알 굽는 냄새만치 고약한 냄새도 없다. 거세去勢하지 않은 고단백질의 수컷이 타는 역겨운 노린내가 나를 발광 직전으로 내몰았다.

원규 어르신네는 쇠죽을 끓인 아궁이 앞에 숯불을 끌어 내놓고 돼지불알을 구웠다. 돼지불알 굽는 그 냄새가 펴져나가는 반경 안에 있는 그 어른의 친구분들은 뒷짐을 지고 어슬렁어슬렁 원규네 집 사랑 부엌으로 모여들었다. 그리고 돼지불알 잔치가 벌어졌다. 돼지불알 한 쌍을 구워서 막소주 한 됫병쯤을 마시면 그분들은 영웅호걸처럼 기세가 등등해졌다. 나는 울 넘어 들려오는 굽힘 없는 고성에 고무되곤 했다. 그때 그분들에게는 뒷집 새신랑이 돼지불알 굽는 냄새에 질식사를 하든지 말든지 전혀 고려할 사항이 아니었다. 원규 어르신네가 돼지불알을 굽는 것은 먹기 위해서라기보다 행복하기 위해서인 것 같아 보였다. 울 너머로 원규네 사랑 부엌간을 훔쳐 본 적이 있는데, 원규 어르신네는 돼지불알을 구워서 친구분들 먹게 두고 정작 당신은 뒷전에 물러서서 친구들이 먹는 모습을 그윽하게 바라보며 회심會心에 젖은 안색으로 어슬렁거렸다. 어느 해 추수가 끝난 후 원규와 나는 만삭의 아내를 두고 양양한 전도를 열어 볼 수 있을까 하고 집을 떠났다. 신랑도 없는 그 해 겨울 앞뒷집 새댁들은 입덧을 하며 동병상련의 정분을 돼지불알 구이로 나누었다. 돼지불알은 말할 것도 없이 원규 어르신네의 돼지불알이다. 원규 댁이 시어른의 돼지불알을 고양이처럼 훔쳐 두었다가 야반夜半에 뒷집 새댁을 불러서 몰래 구워 먹어 버렸다. 원규 댁의 두둑한 배포를 생각하면 남자인 나도 존경스러운 마음을 금할 수 없다. 그것이 어디 예사 돼지불알인가. 시아버지가 친구분들과 어울려 상달의 저녁 한때를 행복하게 보낼 수 있는 소중한 물건인 것을.

시집살이 고운때도 벗지 않은 두 새댁이 이판사판의 무모를 감행케 한 임신부의 엄청난 입덧을 남자인 내가 어떻게 짐작할 수 있을까마는, 얼마나 단백질 결핍증이 심했으면 돼지불알 굽는 그 역겨운 냄새에 회가 동했을까 싶어서 남편으로서의 가책을 금치 못했다.

성인의 단백질 필요량은 체중 1kg당 0.9g인데 임산부는 그보다 더 필요하고 그중 3분의 1은 우수한 동물성 단백질로 보충해야 복중 태아의 발육을 도모할 수 있다고 한다. 그렇다면 임신부는 생리적으로 우수한 동물성 단백질의 요구가 극심할 건 자명한 일이다. 그런데 돼기불알보다 더 우수한 동물성 단백질도 없다니, 만삭의 임신부로서는 시아버지의 돼지불알 아니라 상감의 돼지불알이라도 우선 훔쳐먹고 볼 판이다.

"꿱— 꿱—."

앞뒷집의 두 새댁이 냇가 빨래터에 마주 앉아서 골짜기를 울리는 돼지 잡는 소리를 듣고 희색만면했을 모습이 눈에 선하다. 오늘 잡는 돼지불알은 얼마나 클까? 어려운 집 잔치면 돼지가 작을 것이므로 불알도 종굴박만 할 것이고, 잘 사는 집 잔치거나 환갑잔치라면 돼지가 클 터이니 불알도 홍부네 박통만 할 것이다. 돼지 멱따는 소리를 듣고 두 새댁은 손뼉을 치며 만세라도 불렀을지 모를 일이다. 그때 원규 댁은 뒷집 새댁에게 아주 당당하게, 그리고 약간 교만하게, 자신의 돈독한 우정에 겨워 이리 말했으리라.

"고단해도 밤에 자지 말고 기다려. 우리 아버님 돼지불알을 훔쳐 놓고 부를 테니까."

돼지불알을 도적맞고 원규 어르신네는 얼마나 황당했을까. 귀신곡할 노릇이지, 분명히 사랑 부엌 기둥에 걸어 놓은 돼지불알이 어디로 갔단 말인가. 전례가 없던 변괴가 발생한 것이다. 원규 어르신네가 돌아가신 훗날, 원규 댁이 나한테 돼지불알이 걸려 있던 자리를 가리키며 자지러지게 웃어서 보았는데, 돼지불알은 원규 어르신네 키보다 훨씬 더 높은 곳에 걸어 놓았었다. 개나 고양이가 물어갈 리 만무한 위치였다.

"어미야. 사랑 부엌 기둥에 걸어 놓은 돼지불알 못 보았느냐?"

"네, 못 봤는데요."

"거참, 이상하다."

"뉘 개나 고양이가 물어갔겠지요."

새댁의 앙큼한 거짓말, 어느 안전이라고 감히 그와 같은 당돌한 거짓말을 아뢰었을까마는, 만일 그리 거짓말을 아뢰었다면 칠거지악七去之惡의 첫번째인 '시부모에 불순한 경우'와 일곱 번째 '도적질 한 경우'의 죄를 경합적으로 저지른 것이다. 삼불거三不去에 해당만 안 되면 쫓겨나도 마땅한 짓을 한 것이다. 생각하면 웃을 일만도 아니다. 입덧이라는 것이 여자의 일생을 망칠 수도 있는 엄청 큰 병이구나 싶어 가슴이 철렁하다. 그러나 원규 댁은 당신의 손孫을 가진 죄인데 설마하는 배짱으로 일을 저질렀으리라. 소고기 곰국을 해 먹여도 시원치 않을 판에 그까짓 돼지불알 좀 훔쳐서 구워 먹은 게 무슨 대수냐 싶었을 것이다.

야반에 피우는 돼지불알 굽는 냄새를 원규 어르신네가 못 맡았을 리 없다. 돼지불알 굽는 냄새는 능히 잠든 후각을 깨우고도 남을 만큼 강하다. 원규 어르신네는 당신의 돼지불알을 앞뒷집 새댁이 도둑고양이처럼 물어다가 야반에 구워 먹는 것을 알고 마음이 어떠하셨을까. 내 아내가 공범자라서 하는 말이 아니라 내 짐작으로는 흐뭇하고 기쁘기 한량없었을 것이라고 생각한다.

동네 잔치가 그리 많은 것도 아니고 반드시 수퇘지만 잡으라는 법도 없다. 돼지불알도 흔히 구할 수 있는 물건이 아니다. 원규 어르신네는 동네 잔칫집은 물론 인근 잔칫집까지 염두에 두었으나 돼지불알을 구하기가 여의치 않자, 뒷집 시아버지와 상의해서 읍내 푸줏간의 돼지불알을 구입해다 기둥에 보라는 듯 걸어 놓았을지 모른다. 앞뒷집의 새끼 가진 두 암코양이가 물어다가 구워 먹을 수 있도록.

아내 말에 의하면, 어느 날 밤 두 새댁이 시어른의 돼지불알을 훔쳐서 구워 먹고 도둑고양이처럼 부엌을 빠져 나오는데 눈썹 밑으로 희끗희끗 눈송이가 내려앉더라는 것이다. 아내는 공연히 눈물겨운 생각이 들어서 원규 댁 손을 꼭 잡고 "첫눈 오네." 하는데 원규 댁이 "아이구, 배야." 하며 언 땅에 주저앉았다. 그때 "아가, 왜 그러느냐." 며 원규 어르신네가 기다리고 있었던 것처럼 사랑방 문짝을 걷어차고 나와서 원규 댁을 방으로 부축해 들였다고 한다.

그날 밤 원규 댁은 아들을 낳았다. 순산이었다. 시아버지의 돼지불알을 구워 먹고 기른 힘 때문일 것이다. 달포 후에 뒷집 새댁은 딸을 낳았다. 물론 순산이었는데 아들과 딸의 차이가 돼지불알의 주체主體와 객체客體의 차이 아닌가 싶은 생각에 아쉬움이 남았다.

명태에 관한 추억

 늦가을이나 초겨울이면 명태 한 코가 우리 집 부엌 기둥에 걸려 있었다. 그을음 투성이의 산골 초가집 부엌 기둥에 한 코로 걸린, 다소곳한 주검 한쌍의 모습은 제자리를 옳게 차지한 때문인지 '천생연분'이란 제목을 달고 싶은 한 폭의 정물화였다.
 밤이 이슥해서 취기가 도도하신 아버지가 명태 한 코를 들고 와서 마중하는 며느리에게 "옛다!" 하며 건네주시는 걸 본 적이 있다. 남용하시는 게 아닌가 싶은 아버지의 호기가 참 보기 좋았다.
 그날 "아버님, 저녁 진짓상 차릴까요?" 며느리가 묻자 아버지는 "먹었다." 하시며 두루마기를 벗어서 며느리에게 건네주시고 사랑으로 들어가셨다. 며느리는 두루마기 자락을 추녀 밑에 걸어 놓은 등불에 비춰 보더니 즉시 우물로 가지고 가서 빨았다. 아버지는 취한 걸음으로 이강들을 건너서, 은고개를 넘어서, 하골 산모랭이를 돌아서 확장되는 대륙성 고기압에 두루마기 앞섶을 휘날리며 오셨을 것이다. 삶의 어느 경지에 취해서 맘껏 활개 젓는 아버지의 손에 들려온 명태 두 마리가 얼마나 요동을 쳤으면 두루마기 자락을 다 더럽혔을까.

아침에 아버지가 "아가, 두루마기 내오너라." 했을 때, 며느리는 그 지엄한 분부에 차질없이 대령할 수 있도록 푸새다림질을 해서 늘 횃대에 걸어 둔 두루마기를 이때다 싶은 마음으로 내다 드렸다. 그 두루마기 자락에 온통 명태 비린내를 칠해 오신 것이다. 그리고 당당히 그 명태를 며느리에게 건네고, 며느리는 공손히 받아서 부엌 기둥에 걸었다. 한 집안 대주大主의 권위가 나를 감동시켰다.

젊은 날의 어느 늦가을, 갈걷이를 끝내고 어디 갔다가 집으로 돌아오는 길이었다. 막차에서 내린 나는 차부 건너편에 있는 전방 앞에서 발걸음을 멈춰섰다. 등피燈皮를 잘 닦은 남포 불빛 아래 놓인 어상자에 가지런히 누워 있는 명태들이 왜 그리 정답던지, 마치 우리 사랑간에 모여 놀다가 제사를 보고 가려고 가지런히 누워 곤하게 등걸잠이 든 마실꾼들 같았다. 그 명태를 한 코 샀다.

아버지가 두루마기 자락에 명태 비린내를 묻혀 가지고 왔다고 젊은 자식놈도 그러면 불경不敬이다. 옷에 비린내를 묻히지 않으려고 각별히 조심을 해서 명태 한 코를 들고 밤길 십 리를 걸어 집에 오니까 팔이 아팠다. 연만하신 아버지가 취중에 두루마기 자락에 비린내를 묻히지 않고 명태 한 코를 들고 밤길 십 리를 걸어온다는 것은 불가능하다는 걸 알았다. 결코 아버지는 당신의 출입 위상을 위해서 정성을 다한 며느리의 침선針線을 소홀히 여기신 건 아니었다.

다음날 아침 아내가 명탯국을 끓였다. 아버지가 좋아하시면서 "웬 명태냐?" 하셨다. 아내가 "애비가 사 왔어요." 하자 아버지는 잠깐 나를 쳐다보시더니 "우리 집에 나 말고 명태 사 들고 올 사람이 또 있구나!" 하시는 것이었다. 고전을 면치 못하던 야전 지휘관이 지원군이라도 보충받은 것처럼 사기가 진작된 아버지의 말씀이 왜 그리 눈물겹던지, 그날 아침 햇살 가득 찬 안방에서 아버지와 겸상을 한 담백하고 시원한 명탯국 맛을 생각하면 지금도 잦히는 밥솥처럼 마음이 자작자작 눈는 것이다.

내 친구 중에는 명탯국을 안 먹는 놈이 있어서 나는 일단 그를 경멸한다. 명태는 맛이 없는 생선이라는 것이다. 생선 맛이야 비린 맛일 터인데 그놈은 비린 맛을 되 좋아하는 놈이다. 사실 맨 북어포를 먹어 보면 알지만 솜을 씹는 것처럼 맛이 없긴 하다. 그런데 고추장을 찍어 먹으면 숨어 있던 북어살의 구수한 맛이 입안 가득히 살아난다. 그래서 말이지만 명태가 맛이 없는 것은 우리 입맛에 순응하기 위한 담백성 때문이라는 생각을 하게 된다. 명태의 그 담백성을 몰개성적이라고 매도한다면 잘못이다. 생선은 비린 만큼 교만하다. 비린 생선들은 비린 그의 개성을 우선 존중해 주지 않으면 우리가 의도하는 맛을 내주지 않는다. 그러나 명태는 맛에 대한 자기 주장을 관철하려 들지 않는다. 줏대도 없는 놈이라고 할지 모르지만 그건 줏대가 없는 것이 아니고 줏대 없는 그의 본성 자체가 그의 줏대인 것이다.

나는 여태껏 썩은 명태를 보지 못했다. 오늘날의 명태 말고, 냉동 산업과 운송 여건이 불비한 시절, 동해안에서 태산준령을 넘어 충청도 산읍 오일장의 어물전까지 실려 온 명태를 두고 하는 말이다. 당연하다. 명태는 썩지 않는 철에만 잡히기 때문이다. 명태는 바닷물이 섭씨 1도에서 5도가 되어야 산란을 하러 북태평양에서 동해로 떼지어 내려오는데, 그때가 명태의 어획기다. 부패의 철을 비켜서 어획기를 설정한 주체는 어부가 아니라 명태이다. 가급적 주검을 부패시키지 않으려는 명태의 의지가 진화된 결과로 보고 싶다. 어차피 그물코에 걸릴 수밖에 없는 회유성回遊性이 운명일 바에는 주검을 부패시켜 가지고 혐오스러워하는 사람의 손길에 뒤채이며 어물전의 천덕꾸러기가 될 필요는 없다는 게 명태의 결론이었을지 모른다. 얼마나 생선다운 고결한 결론인가.

'썩어도 준치' 란 말이 있다. 참 가소롭기 그지없는 말이다. 명태가 들으면 "무슨 소리야, 썩으면 썩은 것이지─." 하고 실소를 금치 못할 것이다. 부패 직전의 살코기에서는 글리코겐이 분해되며 젖산을 발생시켜서 구수하고 단맛을 낸다는 요리

학적 설명이 있긴 하지만 그건 숙성을 뜻하는 것이지 부패를 이른 말이 아니다. 자연에서 생선의 숙성은 순식간에 지나가는 과정에 불과하다. 숙성을 보전하는 것은 기술이고 부가가치를 창출하는 것으로 요리사의 몫이지 준치의 몫이 아니다.

'썩어도 준치' 란 말은 꼭 청문회장에 나온 사람의 뻔뻔스러운 변명 같아서 부패한 냄새가 코를 찌른다. 준치는 4월에서 7월까지 부패가 촉진되는 철에 잡힌다. 제 주검의 선도鮮度에 대한 대책도 없는 주제에 '썩어도 준치'라니 명태에 비하면 비천하기 이를 데 없는 본성이다.

보릿고개가 준치의 어획기다. 배가 고픈 백성들은 준치의 어획을 고마워하며 먹었으리라. 어쩌다 숙성된 준치를 먹었을지 모르지만 대개 썩은 준치를 먹고 삶의 비애를 개탄하는 마음으로 짐짓 '썩어도 준치'라고 역설적인 감탄을 했을지 모른다. 얼마나 우리들의 슬픈 시대를 단적으로 대변하는 감탄구인가.

명태는 무욕으로 일관한 제 생의 담백한 육질을 신선하게 보전해서 사람들에게 보시布施했다. 명태는 제 속을 비워 창난젓과 명란젓을 담게 주고 몸뚱이만 바닷가의 덕장에서 바닷바람에 말라 북어가 되고, 대관령 너머 눈벌판의 덕장에서 눈바람에 말라 더덕북어가 되었는데, 알다시피 제상의 좌포左脯로 진설되거나, 고삿상 떡시루 위에 실타래를 감고 누워 사람들의 국궁재배鞠躬再拜를 받는 귀물貴物로 받들어졌다.

명태를 생각하면 언뜻 늦가을 텃밭의 황토 흙에 하반신을 묻고 상반신을 햇살에 파랗게 드러낸 채 서 있던 청정한 조선무가 떠오른다. 그 순박무구하고 건강하기가 과년한 산골 큰아기 같은 조선무가 없으면 명태의 담백한 맛을 살려내기 힘들었을지 모른다. 산골동네 텃밭에서 그 청정한 무가 가으내 담백한 맛의 진수를 보여주려고 뼈무르면서 명태를 기다렸다. 순박한 무와 담백한 생선의 만남, 그야말로 산해山海가 진미로 만나는 것이다.

명탯국을 끓이는 아침, 아내는 내게 텃밭에 가서 무를 두어 개 뽑아다 달라고 했다. 하얗게 무서리가 내린 늦가을 텃밭에 가서 몸을 추스르고 뽑혀 가기를 바라고 있었던 것처럼 클 대로 다 큰 조선무를 뽑아들면 느껴지는 묵직한 중량감이 결코 하찮은 삶이란 없다는 방자한 생각을 하게 부추기는 것이었다.

문득 아버지의 호기가 그립다. 아침 햇살 가득 차오르던 산골 초가집 부엌 기둥에 긍정적인 모습으로 걸려 있던 순박한 명태 한 코가 집안 대주의 권위로 바라보이던 시절이 그립다.

아버지의 강
故鄕雪
선배의 모습
알밤 빠지는 소리
길 위에서
고모부
당목수건

아버지의 강

아버지의 오른쪽 어깻죽지에 손바닥만 한 검붉은 반점이 있다. 그 반점은 감히 똑바로 쳐다보기조차 어려운 아버지의 완강한 힘과 권위를 느끼게 하는 것이다.

아버지의 반점은 선천적인 것이지 병리적인 것은 아니다. 아버지는 나이 팔십이 넘도록 건강하게 사셨고, 지금은 비록 중풍 든 몸을 지팡이에 의지하시고도 병객인 체를 않고 지내시는 것을 볼 때, 나는 그 반점이 원자로의 핵처럼 당신을 지탱한 동력원動力源이 아닌가 생각한다.

내가 아버지의 그 반점을 처음 본 것은 6·25사변이 나던 해 여름, 낙동강 상류의 어느 나루터에서다. 아버지와 나는 피난을 가는 길이었다. 그때 열세 살인 나는 산모퉁이를 돌아서 엄청난 용적容積으로 개활지開豁地를 열며 흐르는 흐린 강을 아버지의 등 뒤에 움츠리고 서서 놀란 눈으로 바라보았다. 저 강을 반드시 건너야 하는 아버지의 이념理念을 내 어린 나이로는 짐작할 수 없었지만, 등 뒤에서 점점 다가오고 있는 포성에 마음은 쫓기고 있었다.

그 나루터에는 피난민들이 가득 모여서 아비규환을 이루고 있었다. 나룻배는 이미 피난민들이 떼거리로 덤벼들어서 치열한 쟁탈전을 벌이다가 요절을 내버렸고, 흐린 강을 건널 길은 직접 몸으로 강물을 헤쳐서 건너가는 방법밖에 없었다. 아버지는 한동안 우두커니 서 계셨다. 이윽고 아버지는 옷을 벗으시고 내게도 옷을 벗도록 이르셨다. 그리고 꼭 필요한 옷가지만 바랑에 담아 머리에 이고 허리띠로 턱에 걸어 붙들어 매셨다. 그런 다음 나를 업으셨다. 강을 건너가시기로 마음을 굳히신 것이다.

"아버지 목을 꼭 잡고 얼굴을 등에 꼭 붙여라. 어떤 일이 벌어져도 절대로 움직이지 마라."

나는 아버지의 그 반점을 그때 처음 보았다. 아버지 신체의 비밀을 발견하고 나는 당혹감에 얼굴을 아버지의 등에 대지 못하고 엉거주춤하고 있는데, 아버지의 불호령이 떨어졌다.

"얼굴을 아비 등에 꼭 붙여라."

나는 엉겁결에 얼굴을 아버지의 등에 꼭 댔다. 내 얼굴이 반점에 닿지는 않았지만 바로 눈앞에 화난 아버지의 검붉은 얼굴 같은 반점이 나를 쳐다보고 있었다.

아버지는 강을 건너기 시작하셨다. 강 한가운데로 한발한발 꿋꿋하고 조심스럽게 내딛으며 나가셨다. 강물에 휩쓸려 떠내려가는 사람도 있었다. 아버지는 그 사람들에게 부딪치지 않도록 조심하며 건너셨다. 떠내려가는 사람에게 부딪치면 같이 쓰러져서 물살에 휩쓸려 떠내려갈 수밖에 없는 상황이었다. 강 한복판에 도달하였을 때, 아버지는 강바닥의 모래가 패인 곳을 밟으셨는지 키를 넘는 물에 잠기셨다. 나는 물을 먹고 엉겁결에 얼굴을 들다가 아버지의 불호령이 생각나서 아버지의 목을 더욱 꼭 잡고 얼굴을 등에 댔다. 아버지는 쓰러지지 않고 꿋꿋하게 모래 웅덩이에서 헤어 나오셨다. 거기서 아버지가 쓰러지셨으면 다시는 바로 서지 못하고, 우리 부자는 흐린 강물에 떠내려갔으리라. 나는 세월이 흐를수록 더욱 뚜렷하게 그때가 되살아나서 등골이 오싹해지곤 한다. 아버지의 그 초인적인 의지가 어떻게 생겨났을까, 아무리 생각해도 불가사의할 뿐인데, '내 힘이니라.' 듯이 눈앞에 아버지의 반점이 선명하게 떠오르는 것이다.

드디어 강을 건넜을 때, 아버지는 모래바닥에 나를 내동댕이치듯 내려놓으시고 모래바닥에 엎드려서 어깨를 들썩이며 서럽게 우셨다. 내가 아버지의 우시는 모습을 본 것은 그때 한 번뿐이다. 아버지의 그 울음은 삶과 죽음의 강을 건넌 감격 때문이었는지, 가혹한 역사의 순간에 대한 공포의 오열이었는지 알 수 없다. 가끔 그게 6·25의 발발 원인 만치나 궁금하다.

강변 모래바닥에 엎드려 오른쪽 어깻죽지의 검붉은 반점이 들썩거리도록 소리 없이 우시던 아버지의 아픈 한 시대는 그 흐린 강물처럼 흘러갔지만, 아버지의 반점은 그때 그 아픈 강과 더불어 분명하게 내 머릿속에 남아 있다.
　그 후, 나는 아버지의 그 반점을 오랫동안 볼 수 없었다. 아버지는 어깻죽지의 반점을 다시는 내게 보여주지 않으시고 당신의 인생을 착실하게 이뤄 노년이 되셨고, 내 인생도 부실하게 머지않아 노년에 이를 것이다.
　그 강을 건너서 참 오랫동안 우리 부자는 각자의 인생을 나이 차이만큼 떨어져서 걸어왔다. 아버지는 항상 내게 확신을 갖지 못하시고 불쾌한 얼굴로 돌아보며 저만큼 앞서 가시고, 아버지에게 확신을 심어 주지 못한 나는 주눅이 들어서 그 뒤를 따라왔다. 그 까닭은 아버지의 힘에 대한 위압감 때문인데, 그때마다 그 강이 생각났다. 내가 아버지로서 그 범람하는 필연의 강에 섰을 때, 과연 나는 열세 살 먹은 내 자식을 건사해서 무사히 강을 건널 수 있었을까? 자신이 없다. 아버지는 그런 내 의지의 박약함을 눈치채시고 나를 '못난 놈' 하고 나무라시는 것만 같아서 아버지 앞에서 나는 늘 움츠러드는 것이다.
　이제 아버지와 나는 다시 아버지의 강에서 만났다. 중풍에 드신 아버지는 그 흐린 강가에 앉아서 건널 엄두를 내지 못하시고 뒤따라오는 자식을 기다리신다. 아버지는 의타심이 간절한 눈길로 뒤따라온 나를 바라보신다. 이제 비로소 내 등에 업혀 강을 건너가시려고 못난 자식에게 기우는 아버지가 가엾고 고맙다. 그 강에서 아버지가 나를 소중히 건사해서 건네주셨듯 이제 내가 아버지의 숨찬 강을 건네 드려야 한다. 그래서 나는 아버지의 등만큼 완강하지 못한 내 등을 감히 아버지께 돌려대 드린다. 그 빈약한 내 등에 기꺼이 업혀 주시는 아버지가 눈물겹도록 고마울 뿐이다.

나는 가끔 아버지의 목욕을 시켜 드리는데, 아버지의 그 반점을 마음대로 만져볼 수 있어서 기쁘다. 자식 도리 한다는 자부심 때문이다, 그것은 비로소 아버지의 위압감에서 해방된 자유로움이기도 하다. 그러나 아버지의 반점은 아직도 완강하고 고집스러워서 내게 '임마, 교만 떨지 마. 도리면 도리지 무슨 자부심이야.'라고 하시는 것 같다.

몇 달 전, 나는 하회마을을 다녀오는 길에 그때 그 나루였지 싶은 낙동강 상류 어디를 가 보았다. 아버지의 극적인 강을 다시 보고 싶어서였다. 육중한 콘크리트 다리가 가로놓인 강 양안에는 생선 매운탕을 해서 파는 '무슨 무슨 가든' 이라는 간판이 달린 현대식 콘크리트 건물들이 즐비하게 서 있었다. 강은 넓은 모래바닥에 턱없이 적은 강물이 흘러갈 뿐, 경이로운 아버지의 강에 대한 이미지는 찾을 길이 없었다.

건너편 강기슭에서 포크레인이 모래를 덤프 트럭에 퍼 담고 있었다. 아버지의 생사의 발자국이 사금砂金같이 침전된 강바닥을 포크레인이 무심하게 덤프 트럭에 퍼담고 있었다.

아버지의 한 생애가 마침내 해체되는 것 같은 덧없는 강일 뿐이었다.

故鄕雪

　오랜만에 눈 같은 눈이 내린다. 눈 같은 눈이란 고향설故鄕雪이다. 안타까운 세월 저쪽에서부터 뽀얗게 눈발이 서서 내 마음을 가득 채우며 내리는 눈을 말하는 것이다.
　횃불에 '치-직, 치-직…' 소릴 내며 떨어져 녹던 눈송이. 동네를 돌면서 새로 해 이은 지붕 추녀의 이엉 마름 밑을 뒤져서 참새를 움켜 내던 기쁨, 손에 잡힌 따뜻한 생명의 체온과 부드러운 새털의 감촉, 손아귀를 벗어나려는 조그만 생명의 꿈틀거림, 어느 해는 그 따뜻하고 보드라운 겨울 새털의 감촉이 너무 사랑스러워서 볼에 대보고 놓아 주었다. 어두운 눈발 속으로 포르릉 날아가던 참새.
　그 때 죽마고우들은 잠들지 못하고 밤 깊도록 고샅을 돌았다. 고샅을 돌면 들을 수 있던 그 시절의 소리들과 보지 않아도 본

거나 진배없던 모습들—. 현상액 속에서 살아나는 포지티브처럼 점점 선명해져서 아쉽고 그리운 소리의 모습을 드러낸다.

뉘 집 안방에서는 심청전 읽는 젊은 새댁의 낭랑한 목소리가 들려왔다. 그 방안에는 동네 시조모님들이 다 모여 앉아 있고 방 가운데는 갓 시집온 목청 좋은 새댁들이 불려와서 교대로 이야기책을 읽는 것이다. 새댁들은 그 밤 잘못하면 새워야 한다. 집에서 새신랑이 잠 못 이루고 기다릴 생각에 새댁들은 안달이 나지만 그 점을 고려할 시조모님들이 아니다. 바야흐로 심청이는 인당수에 몸을 던지고 동네 시조모님들은 한숨과 눈물이 낭자하다. 새댁들의 안타까운 밤은 그렇게 속절없이 깊어가고 눈은 폭폭 쌓여 갔다.

어느 고샅에서는 배고파 칭얼대는 어린것 보채는 소리가 들렸다. 이윽고 부스럭거리면서 돌아눕는 풍만한 어미의 무거운 몸짓소리, 박통같이 불은 젖을 물고 옹알이치는 간난쟁이 소리가 눈송이처럼 새록새록 떨어진다.

어느 고샅에서는 바깥 사랑의 자지러지는 해소 기침 소리가 들렸다. 응달진 저문 산기슭의 사초를 한 번 했으면 싶은 조촐한 봉분 한 기가 문득 떠오르는 해소기침 소리가…….

그리운 소리, 눈 오는 밤 고향의 고샅을 백 번 돌아도 들을 수 없는 소리, 목이 메어 온다.

동네에서 사랑방을 쓰는 집은 영진네밖에 없다. 친구들은 가끔 이 방에 모여 구판장에서 막소주를 사다 마셔 가며 '점

백 고스톱'이란 화투 놀이를 했다. 사랑을 쓰는 영진이에게 고마워해야 할 일이다. '점 백 고스톱'도 끗발이 나지 않으면 하루 저녁에 일이만 원 돈을 잃기도 하지만 하루 저녁을 재미있게 논 값으로는 과히 비싼 건 아니다. 죽마고우가 어릴 때처럼 얼굴을 마주하고 앉아 아옹다옹하는 재미는 충분히 일이만 원어치는 된다.

"이놈아, 너 독썼어. 네가 풍 띠를 내서 영진이가 청단을 했잖아."

"그럼 어떡해? 매조 열을 주면 기억이가 5점짜리 고도리를 하는데, 3점짜리 청단을 줘야지―."

"그래도 건네주어야 하는 거여. 바로 주면 '고스톱' 법칙에 안 맞잖아!"

"건네주긴 5점하고 3점하고 돈이 200원 차인데 약한 걸 줘야지, 무슨 소리야."

잘못하면 판이 깨질 수도 있다.

"더러워서 나 안해. 내 손에 든 거 내 맘대로 내는데 네 놈이 왜 곶감 놓아라 대추 놓아라 지랄이여―."

얼굴이 벌개 가지고 누가 일어나면 판은 깨지는데, 그 모습이 보기 좋은 것은 아직도 훼손되지 않은 순박성을 지니고 있다는 증거이기 때문이다.

"그래 알았어, 그만둬. '고스톱'의 이치가 그렇다 이거지. '고스톱' 법이 어디 국회에서 정하는 거여, 우리가 고치면 될 거

아녀—. 자, 앉아, 앉아."

"그려 우리가 고치는 법, 아무렴 국회에 고치는 법만 못 할라구? 앉아, 앉아."

그러면 또 주저앉는다. 나이는 육십대에 든 주제에 애들처럼 씩씩거리고 싸운다. 얼마나 단순한 사람들인가! 이제 좀 간교하고, 의젓하게 팔색조처럼 제 모습을 위장할 줄도 알 때가 되었건만 늘 솔직할 줄밖에 모른다. 그들은 평생 흙만 주무르며 살았다. 수백억을 정치자금이라고 거둬서 이놈이 꿀꺽 한 입, 저놈이 꿀꺽 한입 하는 세상이 있는 줄은 알지도 못하고, 누가 알려줘도 믿지도 않을 녀석들.

한참 '고스톱' 법칙에 어긋났느니 안 났느니 하고 옥신각신할 때 길가로 난 방문 앞에서 "아버님—, 아버님—." 하는 젊은 여자의 목소리가 들려왔다. 문을 열고 보니, 20대 젊은 여자가 쟁반에 냄비와 소주병을 놓아서 들고 왔다. 그녀 머리 위로 탐스러운 눈송이가 내려앉고 있었다.

충주에 나가 사는 남수의 둘째 아들 희택이 댁이었다. 마침 주말이라 집에 다니러 왔다가 시아버지가 놀고 있는 사랑간에 모르는 척 있을 수가 없어서 밤참을 해 온 모양이다.

"아버님, 찌개 좀 끓여 왔어요."

나는 신세대 새댁의 마음씨에 깊은 감동을 받았다. 물론 옛날에도 명절 밑이나 뉘 집 제사 때는 두부찌개에 막걸리를 가져오는 일이 있었지만, 어득하던 옛날 이야기일 뿐, 지금은 그런 인심은 고향동네에서도 사라진 지 오래다. 찌개 한 냄비, 소주 몇 병 따지면 하찮은 거다. 그러나 서로 삶을 옹호擁護하면서, 서로를 배려하면서 살던 삶이 재편성되는 지금, 그것은 마지막 미덕일지 모른다.

경제구조가 바뀌면 사회구조도 변하고 따라서 삶의 가치도 변한다. 다랑논과 비알 밭을 붙이며 백이십여 호가 넘게 모여 살던 고향은 이제 육십여 호에 불과하다. 따라서 다랑논과 비알 밭은 붙이지 않는다. 이제는 서로 삶을 옹호하는 것이 아니고 서로 삶을 존중한다. 옹호는 뜨겁고 구린내 나는 입김을 푹푹 내뿜으며 서로를 꼭 끌어안는 것인 데 비해서 존중하는 것은 원소元素 유기적인 결합과 같은 무미한 질서일 뿐이다. 당연히 끈끈한 삶의 유대감, 즉 인심이 예전 같지 않음은 물론이다.

"그래, 거기 놓고 가거라."
"네, 아버님. 식기 전에 드세요."
희택이 댁은 조용히 웃고 돌아갔다.

나는 희택이 댁이 다녀간 다음 방문을 열고 밖을 내다보았다. 고향설故鄕雪은 한결같이 내린다. 적설積雪 위에 방금 찍고 간 가지런한 발자국이 선연嬋娟하다. 희택이 댁 발자국이다. 새댁의 맨발 발자국 같은 사랑스러운 발자국―.

아파트 단지 안 가로등 불빛 밑으로 내리는 눈발을 보면서 고향설을 그려보았다.

고향은 사라져 가도 내리는 눈발 속에 내 고향이 남아 있다는 것이 나의 재산인데 누구에게 물려줄 수 없는 무형의 재산일 뿐이다.

선배의 모습

민 주사는 풀풀 눈이 내리는 저문 강변을 따라서 아무 말없이 휘적휘적 걸어갔다. 힘들이지 않고 걷는 그의 걸음걸이가 어찌나 빠른지 내 걸음걸이로는 따라가기가 힘들었다. 등줄기에 땀이 났다.

"힘들지요? 막동리는 여기서 삼십 리쯤 가야 합니다. 길은 이제부터 시작이라고 할 수 있지요."

진부 장터를 벗어나서 얼마 후 훤한 들판도 끝나고 바야흐로 물길만 트인 산골짜기로 접어들면서 그가 한 말이었다. 담담한 어조였다. 바쁜 걸음걸이의 불가피성을 말하는 게 아니고 노정을 설명하는 듯했다. 그러니 민 주사의 걸음걸이는 전혀 서두르는 것이 아니고 유유자적한 것이 분명한데도 많이 걸어서 그런지 내 추적을 불허하고 있었다.

어두워지는 산등성이에 서 있는 나목들의 실루엣이 꼭 줄을 서서 우리와 나란히 걸어가는 것 같아 보였다. 민 주사와 나처럼 선후가 분명한 나무의 거리들.

어느덧 30년 전, 산림공무원으로 초임 발령을 받고 임지인 산읍 진부에 갔을 때 일이다.

청명이 지났는데 거기는 아직도 싸늘한 바람에 눈발이 분분한 겨울이었다. 춘추양복 차림의 내 행색으로 해서 그곳 사람들 보기가 민망스러울 지경이었다.

온통 보이는 것은 산뿐이었다. 가까운 산은 텃세하듯 당돌하게 내게 다가섰고, 먼 산은 너 따위쯤 개의치 않는다는 듯 아득하게 물러서 있었다. 산 산 산ㅡ, 다시는 이 산속에서 벗어날 수 없을 것만 같은 예감이 들었다. 예감대로 그후 나는 30년 가까이 산림공무원 노릇을 했다.

그때 물어서 찾아간 '강릉 영림서 진부관리소'의 소장은 나를 보더니 반색을 했다.

"본서에서 연락을 받고 기다리고 있었소. 내가 소장이고 이쪽은 막동 산림보호 담당 민 주사요."

그분은 부임하는 나를 가차없이 전황이 불리한 주저항선主抵抗線에 보충병 투입하듯 민 주사 편에 딸려서 산읍의 물아랫동네 막동리로 보냈다. 그곳에 가서 민 주사를 도와 대단지 조림지도를 하라는 것이었다.

산림녹화, 감히 소홀히 할 수 없는 박정희 대통령의 혁명 비전의 하나였다. 얼굴이 노란 배고픈 소년이 돌아서던 산모퉁이, 헐벗은 산을 보면 현기증을 느꼈다. 배고픈 게 산 때문일 리는 없었겠지만 굶주리고 헐벗은 우리의 삶처럼 슬프던 산, 박정희 대통령의 혁명 비전은 그 시대를 살아온 사람들의 정서에 맞았다.

"양복차림으로 산속에서 조림을 지도할 수는 없지."

관리소장은 춘추 양복을 입은 내 꼴을 보고 동의를 구하듯 민 주사를 쳐다보았다. 민 주사는 나를 데리고 시장 안에 있는 단골 잡화점에 들러서 점퍼, 운동화, 배낭 등 산 생활에 필요한 걸 외상으로 준비해 주었다. 관리소 숙직실에 와서 옷을 갈아입고 막동리를 향해서 길을 떠났다.

저문 날 길 떠나는 건 서글프다. 귀소 본능 때문일 것이다. 객지에서 어두워지는 숲으로 깃들이는 산새의 총총한 날갯짓을 보면 집이 생각나게 마련인데, 초면인 사람 뒤를 따라서 신들메를 고쳐 매고 어딘지 모르는 곳으로 저문 길을 떠나는 일이 서글프지 않을 턱이 없었지만 의외로 마음은 흔들리지는 않았다. 관리소장의 결연한 모습 때문이 아니라 저문 길 떠나는 침착한 민 주사의 흔들림 없는 뒷모습 때문이었다고 기억한다.

마른 억새 대궁이 비스듬하게 늘어서 있는 언덕을 넘어서, 시퍼런 강 벼루를 돌아서, 동네 앞 외나무다리를 건너서 나는 민 주사를 따라갔다.

마침내 깜깜한 물아랫동네 박동리에 도착했다. 그리고 이장

댁 사랑방에 누워서 똑같은 음자리로 자근자근 노래하는 여울물소리를 베고 선잠을 잤다.

다음날 아침, 청정한 산울림소리에 잠이 깼다. 나는 반사적으로 방을 뛰쳐나왔다.

"국유림에 나무 심으러 나오시오!"

민 주사가 두 손을 나팔처럼 모아서 입에 대고 소릴 지르고 있었다. 발뒤꿈치를 추켜들며 얼굴이 벌개가지고 소릴 토했다.

밝게 개인 아침이었다. 산속의 차고 맑은 아침 공기가 너무 신선해서 코가 매웠다. 이장네 집은 강 언덕에 있었다. 강 건너에는 턱을 추켜들어야 등성이가 까마득하게 바라보이는 산줄기가 남쪽으로 뻗어 가고 있었다. 그 산줄기의 중턱 여기저기 화전민의 외딴집이 흩어져 있었다. 민 주사는 거기다 대고 소리를 지르고 있었다. 산울림이 건너편 산기슭의 집집마다 들렀다가 잠시 후 민 주사 앞으로 되돌아왔다. 장중한 산맥이 울렸다. 뱃속에서 나오는 우렁찬 목소리였다. 득음得音의 경지란 생각이 들었다.

목에 수건을 걸고 있는 걸로 보아 민 주사는 강에 내려가서 세수를 하고 올라온 모양이었다. 얼굴이 막 비가 개인 봄 산처럼 싱싱했다. 민 주사가 내 곁에 다가서더니 현지에 대한 설명을 했다.

"앞산 줄기는 해발 1400미터의 박지산 줄기고, 뒷산은 1560미터의 가리왕산 줄깁니다. 둘 다 태백산맥의 본맥이지요. 이

골짜기의 물길은 오대산에서 발원한 오대천으로 남한강 본류입니다."

'가리왕산 북편 능선에 산죽밭이 있어요. 버려진 고원이지요. 이곳 사람들이 육백마지기라고 부르듯 꽤 넓습니다. 거기다 경제림을 조성하기 위해서 잣나무 30만 그루를 심을 겁니다. 이곳 사람들이 농사일을 시작하기 전에 끝내야 할 일입니다."

확신에 찬 목소리였다. 나는 그의 옆얼굴을 쳐다보았다. 깊은 눈자위와 광대뼈가 막 산맥 위로 퍼지는 햇살에 뚜렷하게 부각되었다. 옆얼굴의 솔직한 모습이 겨울 참나무의 목질부처럼 단단해 보였다. 단순히 늙어감이 아니란 생각이 들었다. 일관된 삶의 모습, 적어도 자기 삶에 의구심 없이 산사람이나 가질 수 있는 얼굴이구나 싶었다.

민 주사는 다시 앞산 중턱에 있는 화전민의 외딴집들을 향해서 소리를 질렀다. 나도 소리를 질러보고 싶은 충동이 아침 산 기운같이 일었다. "나도 한번 소리쳐 볼까요?"

민 주사가 웃으며 고개를 끄덕였다.

"국유림에 나무 심으러 나오시오—."

나는 민 주사처럼 손을 나팔같이 입에 대고 힘껏 소릴 질렀다. 내가 지른 소리의 산울림은 민 주사의 산울림에 미치지 못했다. 건너편 산기슭의 화전민 가옥까지 도달하기는 했는지, 울림이 없었다.

민 주사가 씩 웃었다. 비웃음은 아니었다. 사람다운 웃음이었다. 나도 멋쩍게 따라웃었다.
"잘 안 되지요? 산감 노릇을 하다 보면 산에 대고 소리 지를 일이 많지요. 목청만 커지면서 나이를 먹게 됩니다."
떳떳함, 내게 전의戰意 같은 것을 느끼게 했다.
새들이 깃들이어 둥지를 틀고, 맑은 시내가 발원하는 숲을 만드는 일은 보람이다. 반면에 용재를 얻기 위해서, 터전을 마련하기 위해서, 광산을 개발하기 위해서 그 숲을 훼손하는 일은 환멸이다. 산림 공무원은 이율배반적인 일을 하는 직업인이었다. 모순의 합리화, 확신 없이는 절대로 서 있을 수 없는 산등성이에서 좌절할 때마다 나는 겨울 참나무처럼 분명한 민주사의 모습을 생각하며 일어서곤 했다.
선배의 좋은 첫인상을 간직하고 직업을 시작한 것은 참 다행한 일이었다.

알밤 빠지는 소리

우리 집 뒤꼍에 추석 무렵 아람이 버는 올밤나무가 한 그루 있었다. 알밤 빠지는 소리는 작다. 마음이 조용히 머물러 있어야 들린다. 그래서 마음이 분방한 철없는 시절에는 못 듣는다. 할머니 말마따나 철이 나야 들린다. 어느 가을날 마루에 걸터앉아서 파랗게 깊어진 하늘을 발견하고 "아―, 가을이구나." 하고 숨을 죽이는데 그 소리가 들렸다. 나는 감동해서 알밤이 빠진다고 소릴 질렀다. 할머니가 알밤 빠지는 소리가 들리느냐고 하시며 퍽 대견해하시는 어조로 "철났네." 하셨다.

고향 생각 중에서 알밤 빠지는 소리가 차지하는 자리는 확고하다. 마지막 태풍이 지나가고 청명한 하늘이 열린 어느 날, 문득 불쾌지수가 걷힌 상큼한 바람 한 점이 폭염에 지친 거칠고 야윈 볼을 스치면 그 삽상하고 청량한 소리가 도시의 소음

속에서도 내 가슴으로 떨어져 오는 것이다.

내 고향집은 동향이라 아침 햇살이 참 좋았다. 초가을날 아침 해가 앞산 위로 불끈 치솟으면 햇살이 해일처럼 안방에 가득 찼다. 그러면 추석을 쇠려고 새로 바른 눈같이 흰 문 창호지가 장구틀에 메운 새 가죽처럼 팽팽해졌다. 아침밥을 잦힌 온기로 방안은 따뜻하고 추석 두부를 한 비지를 띄우는 쿨키한 냄새가 방안에 가득했다. 가끔 부엌에서 달그락거리는 기명器皿 소리가 들릴 뿐 더없이 조용하고 평온한 가을 아침. 나는 눈을 감고 눈까풀에 내려앉는 햇살의 간지러움에 온몸을 맡기고 가만히 앉아 있었다. 할머니는 목화송이를 매만지고 계셨을 것이다. 그때 알밤 빠지는 소리를 들을 수 있었다. 처음 그 소리를 들었을 때의 청량감을 나는 잊을 수 없다.

"툭―, 투―투―투―."

처음 '툭―' 하는 소리는 조금 크고 둔탁하다. 그리고 이어지는 '투―투―투―' 하는 소리는 지극히 삽상하고 리드미컬하다. 첫소리는 밤송이에서 빠진 알밤이 처음 이파리에 부딪치는 소리고 이어서 들리는 소리는 이파리들을 훑치며 떨어지는 소리다. 알밤이 빠지는 소리는 처음 메운 장구를 조심스럽게 쳐 본 소리처럼 새로 바른 팽팽한 방문 창호지에 공명했다. 아주 작은 소리였지만 가을 새벽 공기를 가르면서 떨어지는 작은 중량의 가속음加速音이 의외로 내 마음을 크게 울렸다. 체적에 비해서 큰 데시벨의 알밤 빠지는 소리는 좀 당돌하고 교만스럽다는 느낌을 주었으나 불쾌하지는 않았다. 실과라면 당연히 낼 소리로 받아들여졌다. 소리에 대한 내 마음의 수용력은 설익은 마음이 비로소 익어서 아람이 번 때문일지 모른다.

알밤 빠지는 소리는 여운이 깊다. 집에 아무도 없는 가을 한나절 나는 툇마루에 앉아서 알밤 빠지는 소리를 들어보았는데 그것은 내가 경험해 본 평안 중에서 가장 확실한 것이었다. 알밤 빠지는 소리가 뚝 떨어지고 나면 가을은 한층 깊고 조용해졌다.

"툭―, 투―투―투―."

그 소리를 듣고 밤나무 밑에 가면 참기름을 바른 것처럼 윤기가 도는 갈색 각질의 열매가 깨끗이 풀을 베어 놓은 땅바닥에 떨어져 있었다. 알밤이었다. 그 무게를 집어 들면 소년의 순수한 탐욕이 손끝에서 바르르 떨렸다.

아버지는 아람이 벌 무렵 밤나무 밑의 풀숲을 산소 벌초하듯 깨끗이 베었다. 그건 비단 알밤을 줍기 위한 일로만 여길 게 아니었다. 타작을 하려면 전날 타작마당을 정성스럽게 쓴다. 그게 농부의 마음인데 밤나무 밑을 알밤 빠지기 전에 깨끗이 베는 마음도 그와 같은 것으로 소망을 마무리하는 농부의 예절이라고 할 수 있다. 밤나무 밑의 풀숲을 깨끗이 베고 허리를 펴시던 아버지가 마침 떨어지는 알밤 소리를 들었다면 마음이 얼마나 충만하셨을까.

알밤 빠지는 소리를 제일 먼저 듣는 분은 물론 할머니였다.

어느 날 할머니가 어머니에게 "어미야, 이제 밥을 땅솥에 하지 말고 부뚜막에 걸린 옹솥에다 하거라." 하시면 알밤 빠지는 소리를 들으셨거나 조만간 들으실 예감을 하신 것이다. "알밤 빠질 때가 되었나 보다, 구들의 냉기가 시린 걸 보니." 하시던 할머니의 말씀을 들은 적이 있어서 안다.

어머니도 여름내 비웠던 아궁이에 불을 지피시며 알밤 빠지는 소리를 듣는다고 하셨다. 그러셨을 것이다. 여름내 비워 두었던 아궁이에 불을 지피는 일은 수월한 일이 아니다. 눅눅한 아궁이는 잠 트집하는 갓난아기 어미 젖꼭지 뱉어 내듯 불길을 내뱉고 빨아들이지를 않는다. 어머니가 갓난아기 달래듯 콧물 눈물을 흘리시며 아궁이를 들여다보고 불을 불어서 아궁이가 달래져야 비로소 불길은 불목을 넘어간다. 그러면 컴컴하던 아궁이가 환해지고 차가운 새벽공기에 언 어머니의 앞가슴이 따뜻하게 더워진다. 그때 한세월의 만감이 눈 녹듯 스러지고 하얗게 빈 어머니 마음을 알밤 빠지는 소리가 '툭―' 치고 '투―투―투―' 울리며 앞치마 안에 떨어졌으리라.

할머니는 새벽에 알밤을 주우러 가는 내게 꼭 그리 당부하셨다.

"알밤을 주우러 온 애들이 있어도 다투지 마라. 우리 햇밤으로 제상을 차리는 집이 있으면 우리 공덕이 되느니라. 알밤을 줍거든 반드시 고맙게 여기고―."

알밤을 손에 들면 느껴지던 그 무게의 올참이 나이 들수록 할머니의 말씀과 더불어 새롭다. 이제 내 인생도 아람이 벌어서 '툭—, 투— 투—투—' 하고 소리를 내며 올찬 알밤 하나쯤은 떨어뜨릴 때가 되었건만 나는 쭉정이만 달고 있을 뿐 우리 할머니 말마따나 누가 주워들고 고맙게 여길 만한 열매를 하나도 떨어뜨리지 못하고 있다. 파란 가을하늘로 뻗은 가지 끝에 오롯이 매달린 부실不實들, 찬란했던 봄꽃의 열망에 부응하지 못한, 만유인력도 못 미치는 가벼운 쭉정이를 달고 나는 아주 계면쩍게 당당한 낙과의 계절 어귀에 서서 알밤 빠지는 소리에 감동을 하는 것이다.

길 위에서

 어느 해 초가을, 땅끝마을 갈두리葛頭里에 갔다 돌아올 때 생긴 일이다.
 나는 토말土末 전망대에서 바라본 환상적인 가을 바다의 감동에 잠겨서 서서히 차를 몰고 13번 국도를 따라 해남을 향해서 가는 중이었다.
 내리막 직선길이었다. 내 차 앞에 벌써 명줄을 놓았어도 유감이 없을 만한 봉고차가 매연을 풍기면서 시속 40킬로미터에도 못 미치는 속력으로 엉금엉금 기어가고 있었다. 나는 그 차를 앞지를 것인지 매연을 마시면서 뒤따라갈 것인지 망설이고 있었다. 중앙선이 넘을 수 없는 황색선이기 때문이다.
 황색선은 어떤 경우에도 넘을 수 없다. 넘으면 범행이 된다. 나는 민주국민의 양식으로 황색선의 통제력에 순응하고 있었다.

봉고차의 매연은 스컹크의 분비물처럼 내 쾌적한 초가을 드라이브 환경을 여지없이 오염시켰다. 신경질이 나기 시작했다, 봉고차는 운행에 문제가 있는 차가 분명했다. 그러면 뒤차를 먼저 가라고 길 가장자리로 비켜 주면서 점멸등으로 신호를 보내주면 고마울 터인데, 뒤차는 전혀 개의치 않고 풀풀 매연을 풍기면서 '구름에 달 가듯이' 가는 것이었다. 그 주제넘은 여유가 가증스러웠다. 증오심이 발생했다. 증오심은 자제력을 잃게 한다. 자제력을 잃으면 우발적 살인도 저지를 수 있는데 하물며 황색선을 넘어가는 것쯤은 대수도 아니다.

 나는 황색선을 넘어 봉고차를 앞지르고 '약오르지 임마ㅡ.' 하는 마음으로 봉고차 앞으로 바짝 끼어들었다. 그런데 아뿔싸, 앞을 보니 저만큼 도로변에 교통경찰관의 오토바이가 서 있는 것이 아닌가! 봉고차 때문에 미처 전방의 교통경찰관을 발견하지 못한 것이다. 나는 꼼짝할 수 없는 현행범으로 적발당하고 말았다.

 젊은 순경이 길섶으로 차를 세우라고 내게 수신호를 했다. 나는 길섶에 차를 세웠다. 순경이 운전석 쪽문 앞에 와 서더니 내게 예의바르게 거수경례를 했다.

 나는 죄진 사람의 본능으로 인사를 받았다.

 "수고하십니다."

 목소리가 궁색할 수밖에ㅡ.

 순경이 조수석의 아내를 보며 농담처럼 말했다.

"동부인을 하시고 여행중이시군요. 사모님을 위해서라도 위험한 운전은 안 되지요."

전혀 권위적인 태도가 아니었다. 나는 젊은 순경의 여유가 범법을 비리非理로 해결할 틈을 주는 거라고 여기고, 비리를 저질러 볼 요량으로 차에서 내리려고 했다. 순경은 차 문을 열지 못하게 말리며 역시 부드럽게 말했다.

"내리지 마십시오. 시간이 지체됩니다."

나는 배설물을 깔고 앉은 사람처럼 엉거주춤하고 순경을 쳐다볼 수밖에 없었다. 다행히 그 망측한 내 표정을 젊은 교통순경은 후각을 오염당한 사람처럼 상을 찡그리고 보지 않고 밝게 웃으며 정중하게 말했다.

"선생님께서는 도로교통법 제20조 앞지르기 금지와 동법 60조 안전띠 착용 의무를 위반하셨습니다. 면허증을 제시해 주십시오."

적발자답지 않은 부드러운 목소리였으나 넘볼 수 없는 형리刑吏의 의지가 담긴 또박또박 분명한 통고였다. 긴 가죽장화를 신고 제복을 단정히 입은 체격 좋은 젊은 교통경찰관은 마치 히틀러의 근위병처럼 상대방을 제압하는 힘을 지니고 있었다. 나는 반항도 하지 못하고 면허증을 제시했다.

앞지르기 금지 위반은 벌점까지 가산되는 비교적 무거운 범칙이다. 그러나 파렴치범도 아닌데 비굴할 필요까진 없지 않은가. 위반할 수밖에 없었던 이유가 설득력이 있든 없든 설명도 해보지 않는다면 민주국민의 항변권抗辯權을 포기하는 것이다. 나는 굳이 순경의 만류에도 불구하고 차에서 내렸다.

"지금 지적한 범칙 사실은 인정하지만, 상황이 전혀 고려되지 않은 법규 편의적이라는 생각이 들어서 상황을 설명하고 싶은데 좋습니까?"

나는 정중하게 말을 했다.

"네, 말씀하세요."

나는 당당하려고 했지만 똥 싼 주제에 매화타령 하는 것 같아서 그게 잘 안되었다. 결국은 어눌한 어조로 변명 이상이 될 수 없는 상황 설명을 했다.

"보아서 알겠지만 앞차는 시속 40킬로에도 못 미치는 낡은 차였소. 매연을 다 마시며 반드시 그 차 뒤를 따라가야 합니까? 오르막길의 정상이라든지 커브길이기 때문에 전방 확인이 안 된다면 모르지만 내리막길이긴 하지만 직선이라 앞이 잘 보여서 앞지르기를 했는데 정상참작이 안 되겠습니까?"

순경은 빙그레 웃으며 말했다.

"그렇지만 선생님은 멀지 않은 전방에 근무중인 교통순경도 못 보지 않았습니까?"

격의 없는 사이처럼 말했지만 내 상황 설명을 여지없이 일축하는 한마디였다.

"황색선이 그어져 있는 도로상에서 앞지르기는 분별 없는 짓입니다. 분별 없는 운전은 아무리 익숙해도 실수가 따르고,

운전의 실수는 생명을 잃을 수도 있습니다. 이 길은 그 실수의 개연성이 충분히 도사리고 있는 곳이라 황색선을 설치하고 교통순경이 운전자의 주의를 환기시킬 목적으로 먼지를 마시며 길가에 서 있는 것입니다."

그는 스티커를 작성하며 초등학교 저학년을 가르치는 선생님처럼 정성껏 말했다. 나는 벌서는 초등학교 저학년생처럼 딴청을 떨고 질펀한 황금 들녘의 풍요로움을 건너다보았다. 딴에 기분 나쁘다 이거였다. 나이답지 않게 팔팔 뛰는 자존심을 꾹 물고 있으려니까 어금니에 쥐가 날 지경이었.

이윽고 그는 스티커를 내게 건네주고 사인을 하라고 했다. 잘했든 잘못했든 기쁘게 벌 받는 놈은 없을 것이다. 나는 볼이 부어가지고 스티커를 받아들었다. 스티커에 적힌 범칙 사실은 의외로 안전띠 미착용뿐이었다. 앞지르기 금지 위반은 적용하지 않았다. 나는 의아해서 순경 얼굴을 쳐다보았다. 순경은 도로 저쪽을 응시하고 있었다. 나는 웬 횡재냐 싶어서 얼른 스티커에 사인을 했다. 그리고 기쁜 마음으로 차 한잔을 대접하듯 스티커에 촌지寸志를 얹어 주며 고맙다고 인사를 했다.

그러자 순경이 얼굴을 붉히면서 정색을 했다.

"선생님이 앞지르기 금지를 위반한 것은 사실이지만 분명히 앞차는 저속으로 운행했고, 선생님 역시 서행으로도 앞지르기가 가능한 상황이었습니다. 또 다른 지방 사람이라 도로 사정을 모르고 실수를 하신 것이지 고의는 아닌 것 같아서 계도 조치하는 것입니다. 그런데 알 만하신 분이 공무원의 자존심을 욕보이시면 되겠습니까. 이 돈으로 안전띠 미착용 범칙금을 내십시오. 먼 곳에서 우리 고장까지 여행을 오셨는데 좋은 추억을 남겨 가셔야지요. 불쾌한 여행이 되면 쓰겠습니까. 조심해서 운전하십시오."

내게 스티커 부본을 넘겨주며 정중히 거수경례를 했다.

나는 부끄러워서 순경의 얼굴을 바로 쳐다볼 수 없었다. 젊은 교통 경찰관의 순수성을 순수하게 받아들이지 못한 내 인격의 한계가 뼈저리게 느껴졌다. '교통법규 위반은 촌지로 해결하라.' 운전자의 통념 같은 상식을 깨끗하게 불식시켜 주는 아들 또래의 교통경찰관의 순정적純正的인 직무취급 앞에 내 나이가 얼마나 헛된 것인지 고개를 들 수 없었다.

"절대로 교통법규를 위반하지 않겠습니다."

나는 일부러 꾸중들은 초등학생처럼 반성의 기미가 역력한 어조로 고개를 떨구고 말했다. 그건 비굴한 게 아니라, 공무원의 자존심을 손상시킨 데 대한 응당 내가 취할 태도였다.

그러나 내 마음은 훌륭한 명승지를 관광한 것보다도 더 큰 감동으로 설레었다. 땅 끝 앞바다의 풍광에 감동한 내 여행을 조금도 훼손하지 않고 공무를 집행해 준 그 순경의 배려에 감동한 것이다.

해남은 윤선도의 인품과 학문이 배어 있는 유서 깊은 고장이다. 그 교통경찰관의 직무태도는 자기 고장을 자랑스럽게 여기는 우월감에서 비롯된 젊은 협기俠氣인지 모른다. 길 나서면 생각지 않은 것을 배우고 감동하게 된다.

언제 그 젊은 순경을 다시 그 길에서 만난다면 얼른 차를 길섶에 세우고 내릴 것이다. 그리고 반색을 하며 그의 손을 잡고 충청도 양반답게 고전적古典的 언사로 안부를 물을 것이다.

"또 뵙게 되어서 반갑습니다. 그간 무고하셨습니까? 아무 적에 당신에게 이 길에서 인생을 한 수 배운 바 있는 아무개올시다."

그때 그 교통순경은 자신의 실존적 가치를 인식하고 기뻐할 것이다. 그것은 그에게 진 빚을 갚는 유일한 방법이다.

나는 불가피하게 땅끝 갈두리 여행을 다시 한번 하지 않을 수 없는 구실을 만들어 가지게 되었다.

고모부

 어느 해, 첫추위가 이는 날 해거름에 고모부가 오셨다.
 눈발이 산란하게 흩날리는 풍세風勢 사나운 날이었다. 튀장土醬냄새 가득한 방안에 식구가 다 모여서 저녁밥을 먹고 있었다. 우수수 울타리를 할퀴고 가는 매운 바람소리와 하등 상관없이, 단 구들과 새로 담은 화롯불의 온기로 방안은 그지없이 안락했다. 단란한 밥상머리의 조건은 진수성찬과는 아무 상관이 없다. 튀장 냄새 한 가지만으로 밥상은 진수성찬이었는데 그 까닭은 식구 중 아무도 그 풍세 속에 나가 있지 않다는 사실 때문이었다.
 "참 좋다."
 그렇게도 좋으신지 밥상머리에서 한숨처럼 조용히 토하시던 할머니의 감탄사다.

그런 날 저녁때 고모부가 오셨다.

뜰 위로 사람이 올라서는 기척이 나더니 "정 서방입니다." 하는 소리가 들렸다. 아버지가 벌컥 방문을 열어 젖히셨다. 뜰 위에 키가 껑충하게 큰 초로의 남자가 주루막을 지고 서 있었다. 아버지가 나가서 맞아들였다. 그 분이 고모부였다. 내 기억에는 그 때 처음 고모부를 본 것으로 되어 있다. 전에도 후에도 고모부를 뵌 기억이 없다.

고모부는 지고 오신 주루막을 마루에 벗어 놓고 방안으로 들어오셨다. 차가운 겨울 외풍이 고모부를 따라 들어와서 튀장 냄새를 몰아내고 그 자리를 차지했다. 원래 침입자는 무례한 법이라지만, 방안의 단란을 풍비박산 내고 들어선 고모부가 내게는 퍽 무례할 뿐이었다. 그러나 할머니와 아버지, 어머니는 반색을 하셨다.

고모부가 할머니께 큰절을 했다. 할머니가 내게 절하라고 이르셨다. 나는 절을 했다.

"그새 많이 자랐구나!"

고모부가 내 절을 받고 하신 말씀이다. 그러고 보면 전에 고모부와 나는 면식이 있었던 모양인데 나는 영 기억이 나지 않았다. 내가 아주 어릴 때 무심하게 뵈었든 모양이다.

"마누라가 있나, 장성한 자식이 있나 어찌 환갑을 해 먹었노!" 하시며 할머니가 우셨다. 그 울음은 요절한 딸 생각과 홀아비 사위의 환갑잔치의 연민 등 만감이 교차하는 울음이었으리라. 아버지가 사위 앞에서 웬 청승이냐고 윽박지르셨다.
"잘해 먹었습니다."
고모부가 대답하셨다.
"잘해 먹었다니 다행일세—."
할머니는 고모부에게 두루마기를 벗으라고 하셨다. 고모부가 두루마기를 벗자 할머니는 두루마기를 둘둘 말아서 어머니께 밀어 놓으며 빨라고 이르셨다. 고모부가 환갑 때 입은 두루마기라며 아직 빨 때가 안 되었다고 손사래를 쳤으나, 할머니는 동정이 까만데 무슨 소리냐며 굳이 빨도록 이르셨다. 고모부는 두루마기를 빨아서 새로 꾸미는 며칠간을 머무르셨다. 짐작건대 할머니가 고모부의 두루마기를 빨게 하신 것은 고모부를 며칠 간 잡아 두시려는 심산이셨던 것 같다.

고모부가 어머니께 주루막에 술과 안주가 있으니 상을 보아 달라고 하셨다. 고모부 말씀에 어머니가 밖으로 나가셨다. 나도 어머니를 따라 나갔다. 툇마루는 한겨울이었다. 고모부가 지고 오신 주루막을 열자 안에는 한지로 공손하게 싼 돼지 다리 하나와 술 한 병이 들어 있었다. 돼지 다리는 앞다리인지 퍽 작았다. "아이고, 돼지 다리가 작기도 하다. 미처 크지도 않은 돼지를 잡았는가 보다." 어머니가 한지韓紙를 풀어 헤치고 하신 소리가 지금도 귀에 남아 있다. "원—, 하얗기도—. 새로 뜬 문종인가 보네." 하시며 비단 피륙인 양 애착의 손길로 한지 바닥을 만져 보셨다. 한지 복판은 기름이 촉촉하게 배어 있었으나 네 귀퉁이는 새벽 눈밭처럼 하얗다. 술은 용수 질러 뜬 맑은 술이었을 것이다.
 "불쌍한 고모부―."
 어머니가 말씀하셨다. 당시 나는 고모부가 왜 불쌍하다는 것인지 몰랐다. 자라면서 어머니의 말씀이 새는 날처럼 뿌옇게 밝아서져 지금은 나도 고모부가 생각나면 불쌍하다는 생각이 앞서지만 그 때는 몰랐다.
 고모부는 고모가 돌아가시고 새 장가를 들었는데 움고모가 가버리고 홀로 환갑을 맞으셨다. 내 고종 사촌 누이는 과년이었고, 고종 사촌 남동생은 어렸다. 그런 처지에서 고모부는 환갑잔치를 하신 것이다. 환갑잔치란 부모가 벌어 놓은 재산을 가지고 자식이 낯을 내는 것이라고 한다. 그러니 당신의 환갑잔치를 당신이 주선해서 치른 고모부는 얼마나 심정이 서글펐을지 짐작이 간다. 그리고 장모님께 환갑잔치한 인사를 드리러 오신 것이다.
 나의 고모부에 대한 기억은 그 때뿐이다. 그 전에도 후에도 뵌 기억이 없다. 그 전에는 어렸으니까 기억에 없다 치더라도 그 후에는 뵌 기억이 당연히 있어야 하는데 없다. 고모부는 환갑잔치를 하고 얼마 안 되어 돌아가신 듯하다.
 가끔 겨울 저녁 바람에 두루마기 자락을 흩날리며 길을 가는 사람의 먼 모습을 보면 고모부 생각이 난다. 고모부가 가지고 온 작은 돼지다리가 생각나 나를 슬프게 한다. 나도 훗날 동네 환갑 잔칫집 과방 일을 보아서 알지만 돼지 다리 하나를 남기려면 잔칫집 안주인이 여간 굳세게 버티어 가지고는 어림도 없는 일이다. 궁핍한 시대 아닌가. 소를 잡아서 잔치를 해도 먹새를 당해 내지 못할 만치 궁핍한 때, 다 자라지도 못한 돼지를 잡아서 잔치 손님 입에 돼지 기름칠이나 했을 것인가. 잔칫집 안주인은 먼데서 오신 일가친척 손님들이 돌아가실 때 봉송할 걱정에 돼지 다리를 하나쯤은 빼돌려 놓게 마련이다. 과방에서는 조치개 접시 담을 돼지고기가 떨어지면 그걸 노린다. 그래서 과방장이와 잔칫집 안주인은 잔치 막판에 돼지다리 때문에 일쑤 잘 싸운다.

그건 잔칫집 안주인이나 할 수 있는 일이지 바깥주인은 그러지 못한다. 그런데 고모부는 어떻게 그 작은 돼지 다리를 끝까지 지켜 가지고 장모님께 갖다 드렸을까, 생각하면 고적한 홀아비의 환갑잔치가 얼마나 슬픈 피치 못할 통과 의례였을지 짐작되는 바 있어서 어머니처럼 '불쌍한 고모부' 소리가 절로 나오는 것이다.

따뜻한 방안에 앉아서 방 밖의 눈보라치는 소리를 듣는 행복감을 작고 흔한 것이라고 생각하면 죄 된다. 기실 삶의 각고 刻苦가 누적된 후에 아는 것이기 때문이다. 여북하면 과묵하신 할머니가 '참 좋다'고 한숨처럼 감탄을 하셨을까.

지금도 나는 겨울날 따뜻한 방안에 앉아서 방 밖의 사나운 풍세소리를 들으면 고모부를 생각한다. 눈밭같이 흰 한지에 작은 돼지다리를 부모 시신을 염습하듯 소중하게 싸서 주루막에 담아서 지고, 호말[胡馬] 떼 달리듯 하는 풍세 속으로 고개를 넘고 강벼루를 돌아 장모를 뵈러 오신 사람의 도리가 나를 숙연하게 한다.

당목수건

공군사관학교에 여자생도가 입교했다. 여생도들이 정식 사관생도가 되기 전에 반드시 거치는 가입교假入校 훈련 모습이 K.B.S에 방영되었다. 가입교 훈련은 공군 사관생도가 될 수 있는지 자질과 체력을 시험하는 과정이라고 한다. 여기서 낙오하면 입교가 되지 않는다. 여자의 몸으로 얼룩무늬 군복을 입고 제식훈련과 사격은 물론, 완전 군장을 하고 15킬로미터를 구보하는 등 남학생과 똑같이 혹독한 훈련을 받는다. 체력의 한계를 넘는 여자의 인내심이 눈물겨웠다. 여성을 초월하는 그 상식 밖의 힘이 어디서 생기는 것일까. 모성母性인지도 모른다.

마침내 훈련과정을 이겨내고 감격의 눈물을 펑펑 쏟으며 부모님께 입교 신고를 하는 여생도들―. 다감다정한 곡선미를 그대로 드러내 보이는 여자 사관생도들의 제복 모습이 참 아름다웠다.

흔히 '여자 팔자는 뒤웅박 팔자'라고 했다. 어느 사람의 허리춤에 채워지느냐에 따라 운명이 정해지는 뒤웅박 신세. 남자에게 매이는 여자의 일생을 뒤웅박에 비유한 말일 것이다. 그 가부장적 봉건사회의 통념을 제복의 여자 공사 생도들이 분명하게 허물어 버렸다.

남자가 보기에도 통쾌하지 않을 수 없다. "빨간마후라는 하늘의 사나이…." 이제 남자들은 전후의 한 시대를 풍미하던 그 유행가를 부르기가 좀 계면쩍게 되었다. 아직 여드름이 빨긋빨긋한 뺨에 여성의 꿈이 깃든 앳된 소녀들이 '빨간마후라'를 목에 두르고 적진 깊숙이 출격하는 전투기 파일럿을 택한 것을 남자들은 건방진 수작이라고 질시嫉視해서는 안 될 것이다. 존재를 확립하려는 성性을 초월한 용기에 남자들은 마땅히 박수를 보낼 일이다.

나는 그 공군 여생도들을 보면서 할머니를 생각하고 격세지감을 느꼈다. 내 할머니는 열일곱에 시집오셔서 열아홉에 아버지를 낳으시고 스물한 살에 혼자 되셨다. 그리고 아흔일곱까지 농부農婦로 사시다가 돌아가셨다. 당신이 원해서 그렇게 사신 게 아니다. 운명일 뿐이었다. 저 여자 공사생도만한 나이때 할머니는 가마 타고 시집오셔서 아들 낳고 지아비를 여의고 골방에서 소복을 하고 소리를 죽이고 울었을 것이다. 그것은 정식 사관생도가 되고 엉엉 소리를 내서 우는 저 여자 공군사관 생도와는 전혀 다른 처지의 울음이었다. 할머니의 울음이 운명에 매이는 여자의 일생에 대한 통한의 울음이라면 저 여생도들의 울음은 운명을 깨뜨리고 나서는 감격의 눈물이다.

내 기억에 의하면 안방 횃대에는 할머니의 당목수건이 걸려 있었다. 당목수건은 할머니가 집안에 있을 때만 횃대에 걸려 있었고 할머니가 삽짝 밖으로 나가면 반드시 할머니 머리에 얹혀서 따라갔다. 당목수건은 할머니의 살붙이 같은 것이었다.

나는 문득 저 여자 예비 공사생도가 파일럿이 되었을 때 목에 두를 빨간마후라와 할머니가 머리에 쓰시던 당목수건의 공통점과 차이점을 생각해 보았다. 공통점은 여자가 사용한 물건이고 차이점은 빨간마후라가 장렬한 의지를 나타내기 위한 것이라면 당목수건은 햇볕을 가리고 땀을 닦는 데 쓰였다는 점이다.

당목수건을 보면 할머니의 한생애가 보인다.

갈걷이가 끝난 상달, 동네 앞 빈 들길로 키가 자그만 한 안노인네가 머리에 당목수건을 쓰고 걸어가신다. 뉘 잔칫집에 가시는 것이다. 노을이 골 안에 벌겋게 퍼지는 저녁때, 나는 동네 앞 언덕에 앉아서 할머니를 기다렸다. 할머니는 그 들길로 흥얼흥얼 노랫가락을 읊조리며 취하신 걸음으로 돌아오셨다. 나는 반색을 하고 할머니한테로 마주 달려갔다. 할머니는 술 냄새 나는 입으로 손자의 볼에 입을 맞추고 들길에 무얼 싸가지고 오신 당목수건을 펼쳐 놓으셨다. 편육, 떡, 전, 약과 같은 잔칫집의 차림새가 당목수건에 일목요연하게 진설되었다. 아

―, 기쁨에 단 내 얼굴을 감싸주던 만추의 저녁 바람을 잊을 수가 없다. 조손祖孫이 동구 밖 들길에 쭈그리고 앉아 있었다. 나는 둥지에서 먹이를 물어다 주기를 기다리고 있던 새끼 새처럼 할머니가 싸 오신 잔칫집 음식을 게걸스럽게 먹고, 그런 나를 쳐다보는 할머니의 얼굴은 노을 빛 때문인지 술기운 때문인지 벌겋게 물이 들었는데 눈을 조그맣게 뜨시고 나를 그윽하게 바라보셨다. 나는 할머니의 그 행복한 얼굴을 생각하면 지금도 행복하다.

싸락눈 내리는 고추같이 매운 동지섣달, 당목수건 한 장으로 추위를 막으시고 할머니가 이강들 강바람을 안고 장터 송약국에 건너가서 손자의 고뿔 약을 지어 오셨다. 그 할머니의 인동忍冬 만치나 쓴 첩약을 지어 가지고 오신 언 손으로 이마를 짚으시면 불같은 내 신열이 내렸다. 그 때 싸락눈 내리는 고추같이 매운 동지섣달 추위를 할머니는 당목수건 하나로 견디며 다녀오셨을 것이다.

잔칫상에 둘러앉은 좌중座中의 따가운 눈총을 받으며 음식을 한 점씩 골라 당목수건에 싸셨을 할머니의 치사恥事가, 할퀴듯 아린 강바람을 안고 가서 지어 오신 탕제湯劑가 새삼 목구멍을 뜨겁게 달구며 넘어간다.

나는 당목수건 냄새를 잊지 못한다. 어느 여름날 나는 할머니를 따라서 밭고랑에 엎드려서 무슨 일인지를 했다. 그 때 할머니는 "이 땀 좀 봐." 하시며 당목수건을 벗어서 내 얼굴을 닦아 주셨다. 시큼한 땀 냄새, 동백기름에 전 머리 냄새, 그 불결한 냄새가 세월 따라 향수香水 냄새처럼 은은하게 코끝에 스며든다. 할머니의 당목수건 냄새는 할머니의 숙명과 여자 본성이 섞인 냄새다. 당목수건으로 영위한 할머니의 생애는 얼마나 고달팠을까. 내 기억에 의하면 당목수건을 쓰신 할머니가 삶을 섭섭하게 여기시는 기색을 보지 못했다. 할머니는 당목수건을 머리에 쓰시고 한 필의 스무 새 고운 무명길쌈을 하듯 공들여서 한평생을 사셨다.

저 여자 공사생도들이 스스로 선택한 빨간마후라가 긍지라면 할머니의 꽃다운 나이에 졸지에 주어진 당목수건은 그저 운명일 뿐이라는 생각이 든다. 그런데 분명한 것은 여자 파일럿의 빨간마후라에 비행기 기름 냄새와 화약 냄새만 나서야 어디 훗날 손자의 기쁨으로 남겨질 수 있겠느냐 하는 것이다. 나는 장렬한 여자의 일생에 대해서는 부득이 국민적 경의는 표할지언정 사랑하지는 않을 것이다. 국가적이고 자기중심적인 여자의 일생에서는 여성의 체취를 느낄 수 없기 때문이다. 그러나 여자는 파일럿이 되지 말라는 말은 아니다. 빨간마후라를 우리 할머니처럼 당목수건의 용도로 쓰는 여자 파일럿이 되어 주길 바란다. 빨간마후라에서 편육, 떡, 전, 약과 냄새도 나고, 향수 냄새도 나고, 탕제 냄새도 나고, 전진戰塵 냄새도 나야 한다. 그러기 위해서는 파일럿의 회식자리에서 남자 파일럿들의 눈치를 보며 빨간마후라에 사랑하는 뉘 입에 넣어 줄 맛있는 먹을거리를 싸가지고 올 수 있는 치사恥事도 할 줄 알아야 한다. 나는 빨간마후라에 싼 봉송 꾸러미를 안고 오는 여자 파일럿의 모성적 본색을 상상하며 제복의 섹시함을 신선한 충격으로 바라보았다. 여자 파일럿의 빨간마후라는 이태리제 실크 머플러가 아니다. 우리 할머니의 당목수건 같은 것이다. 부모님께 '충성'하고 거수경례를 하는 여자 공사생도의 상기한 예쁜 얼굴에서 나는 그럴 기미를 보았다. 예비 여생도들이 예쁘게 보이는 것은 그 때문이다.

미움의 歲月
손수건
少年兵
수탉
配匹
진달래꽃
할머니의 세월

미움의 歲月

여름이 다 간 어느 날 동생들이 어머니를 뵈러 왔다. 어머니를 모시고 달빛이 교교皎皎한 베란다에 둘러앉아서 삼겹살을 구워 먹으면서 어린 시절을 생각했다. 그날 밤도 오늘 밤처럼 달이 째지게 밝았다.

오랜만에 아버지가 읍내서 집에 돌아오셨다. 빈손으로 집에 들어오시기가 미안하셨던 것일까, 웬 돼지다리를 하나 들고 오셨다. 앞다리인지 돼지다리가 작았다. 어머니와 우리 삼 남매가 툇마루의 철렁한 달빛 아래 삶은 돼지 다리가 담긴 함지박을 놓고 둘러앉아 있었다. 아버지가 들고 오신 돼지다리를 삶아다 놓고 야행성 맹금류처럼 뜯어먹는 중이었다. 어머니가 뜯어 놓는 고기 첨을 삼 남매는 정신없이 주워 먹고 있었다.

그 때 안방에서 할머니가 담뱃대로 놋재떨이를 탕탕 치며 역정을 내셨다. 깜박 드신 잠이 우리들의 돼지다리 뜯어먹는 기척에 깨신 것이다.

"못된 것들―. 사랑에 애비도 깨워서 같이 먹으면 조왕신竈王神이 덧난다더냐―."

할머니의 역정은 당연하신 것이었다. 집안 어른과 대주를 제쳐 두고 제 새끼만, 밤중에 어미 소쩍새가 새끼 먹이 물어다 먹이듯 하는 꼴이 못마땅하셨던 것이다. 콩 한 알도 나누어 먹는 가족애가 각별히 요구되던 전후의 궁핍한 시대였다. 아버지가 노모老母가 계신 집에 오랜만에 들어오면서 들고 온 돼지다리 아닌가. 할머니는 며느리의 소행이 괘씸했던 것이다. 어머니는 시어머니의 역정을 마땅히 받아들여야 하는데 오불관언吾不關焉이셨다.

"애비는 읍내서 배가 터지게 먹을 텐데 무슨 걱정이셔요. 안 주무시면 어머님이나 나와 잡수셔요."

"안 먹어. 느덜이나 배 터지게 먹어―."

어머니는 할머니의 역정에 개의치 않고 어미 소쩍새처럼 꾸준히 삶은 돼지다리를 뜯어서 우리에게 먹이고 당신도 잡수셨다. 그러나 나는 할머니의 역정 소리를 듣고 돼지고기 맛을 잃고 말았다. 금방 바깥사랑 방문이 벌컥 열리고 아버지가 노기충천해서 달려 나오실 것만 같아서였다. 그러나 그런 일은 일어나지 않았다. 아버지는 이미 깊은 잠에 들어 계신 듯싶었다.

내가 그날 밤 이야기를 했더니 어머니는 쇠잔한 웃음소리를 내시며

"난 몰라 생각 안 나―."

하신다. 그날 밤 자리에 안 계시듯 오늘 밤도 아버지는 자리에 안 계신다. 아버지는 고향 선산발치에 마련해 드린 유택에 홀로 그날 밤처럼 달빛을 덮고 깊이 잠들어 계신다. 아버지도 이 자리에 앉아 계셨으면 싶다. 그리고 부부간에 맺힌 미움의 매듭을 자식들과 더불어 오순도순 풀어 보았으면 싶다.

모성애는 어머니나 할머니나 다 가지고 있다. 사람이면 다 가지고 있다. 사람뿐이랴. 금수禽獸도 가지고 있다. 그런데 우리 어머니의 모성애는 유별났다. 어머니의 남다른 모성애는 퇴화된 부부애에 대한 손실보상 같은 것이라고 볼 수 있다. 그날 밤 시어머니의 모성애를 어머니가 읍내서 배가 터지게 먹는다며 일축해 버린 것은, 어머니의 강렬한 모성애가 고의적으로 저지른 일종의 반란이라고 볼 수 있다.

아버지는 집 밖으로 나도셨다. 그 원인이 나변那邊 있다느니 하며 자식이 분석을 한다는 것은 도리에 맞지 않는 짓이므로 언급하고 싶지 않다. 아무튼 이따금 아버지가 귀가를 하시면 어머니는 기다렸다는 듯이 반란을 일으키셨다. 나는 철이 빤한 시절 전운戰雲이 감도는 가정에서 전전긍긍하면서 살았다. 수시로 밥상이 어머니 치마폭으로 날아왔다. 그 한판 접전은 어머니의 선공으로 시작되어 아버지의 막강한 전세戰勢에 짓

밝히고 말았다. 일방적으로 당하신 어머니는 한나절쯤 낭자한 곡성으로 지내신 연후, 이제 속이 좀 트인다며 다음 공격 채비를 하시듯 털고 일어 나셨다. 싸움은 승자도 패자도 없었다. 아버지는 읍내로 나가시고, 어머니는 아버지가 읍내서 또 무슨 행실을 하나 싶어 미움을 키우셨다. 그러다가 아버지가 집에 들어오시면 부부싸움이 촉발되고, 악순환의 세월이었다. 그만치 어머니의 아버지에 대한 미움도 악성종양처럼 자랐다. 어머니의 미움은 비단 아버지뿐 아니라 모든 남자에게 적용되었다. 어머니는 구십객이신 지금도 아파트단지 여자경로당에 나가셨다가 남자 노인네들이 기웃거리면 사내들 꼴 보기 싫다며 집으로 돌아오신다. 그런 어머니를 보면 여자의 감수성을 상실한 세월의 덧없음 같아서 마음이 아프다.

　어머니께서 좋아하신 남자는 내 증조부와 당신의 아들들뿐이다. 증조부를 좋아하시는 이유는 새 새댁 때, 그 어른을 따라서 첫애를 업고 근친을 가셨기 때문이다. 지름티고개를 넘어서, 유주막거리를 지나서, 노루목 강벼루를 돌아서, 가주나루를 건너서 온종일 충주길 칠십 리를 저만치 가을 햇볕 속으로 구름처럼 휘적휘적 가시는 시조부의 뒤를 따라가셨다. 가다가 고갯마루에서 쉬고, 둥구나무 아래서도 쉬고, 나루터에서도 쉬었는데 그 때마다 증조부께서 괴나리봇짐에서 절편과 갱엿을 꺼내 주며 "아가, 다리 아프지—?" 하고 다감하게 물으시더라는 것이다. 어머니는 증조부의 그 우렁우렁하신 목소리를 못

잊어 하신다. 가끔 그 이야기를 하실 때의 어머니 표정은 아득하셨다. 어머니는 증조부를 시조부로 그리워하시는 것이 아니고 이상적인 남성상으로 기리신 듯하다. 아버지가 시조부만 같았으면 하는 소망을 피력披瀝하신 것이리라. 우리 형제를 좋아하시는 것은 물론 맹목적인 자식사랑일 뿐이고…….

"글쎄, 부싯돌만한 신랑이 가마 휘장을 들치더니 얼굴을 들이밀고 가마멀미가 얼마나 심하냐고 묻더라니까. 하도 같잖아서…."

고갯마루에 신행 가마가 멈추었을 때 열다섯 먹은 신랑이 열일곱 먹은 신부에게 신행길의 노고를 치하하더라는 것이다. 어머니는 그 말씀을 베 매면서 동네 여자들에게 했다. 동네 여자들이 박장대소를 하며 좋았겠다고 부러워하면 일언지하에 못된 싹수를 비벼 밟듯 잘라 말하셨다.

"좋기는 머시 좋아-. 열다섯 먹은 게 뭘 안다고 기방출입깨나 한 한량처럼 수작을 하드라니까. 내가 그 때 벌써 싹수를 알아봤어-."

당연히 어머니의 소중한 평생 추억으로 남을 어린 신랑의 애틋한 모습이 혐오의 모습으로 변질된 경위는, 아버지의 부부 금실에 대한 관리 부족이다. 물론 포괄적인 말이다. 어머니의 말처럼 '계집질'이란 구체적인 이유에 대해서는 확증도 없고 알고 싶지도 않다. 어머니에 대한 불효일까. 양대兩大 세력의 틈바구니에 낀 자식의 처지도 불행이다.

된서리 내린 밤처럼 시리고 어둡던 어머니의 얼굴, 그 때 어머니는 서릿발처럼 기가 살아 계셨다. 남자의 독선에 항거하시던 독립투사 같은 얼굴이었다. 키 백오십 센티미터 남짓, 체중 사십오 킬로그램 남짓-. 그 작은 여인이 발산하는 미움이 베 매는 봄 마당을 압도했다.

달 밝은 툇마루에서 어머니가 자식들에게 그랬듯이 나는 달 밝은 베란다에서 삼겹살을 상추에 싸서 어머니 입에 넣어 드렸다. 돌이킬 수 없이 사그라진 잿불 같은 여자의 세월을 만들어 준 남편의 자식된 도리를 하는 것처럼 정중하게-. 그러나 어머니는 별맛 없다고 하셨다. 그 말이 허무하고 슬프게 들렸다.

나는 아버지를 사랑하지 않는다. 존경은 한다. 작은 산읍의 온갖 일에 참섭參涉하신 향리鄕里 유지有志의 한평생, 고향과 고향 사람들에 대한 열정 없이는 그도 할 수 없는 일이기 때문이다. 그 또한 어머니의 애정 결핍을 메우기 위한 삶의 일환은 아니었을까? 자식이 아버지를 존경할 수 있다는 것은 다행이다. 아버지도 자식의 존경을 받으면 되었지 간지럽게 사랑까지 바라지는 않으실 것이다.

아버지 시신을 염습할 때, 염습사殮襲士가 맏상제인 내게 아버지 머리맡에 와서 시신이 움직이지 않게 얼굴을 두 손으로 꼭 잡고 있으라고 해서 그리했다. 두 손으로 싸잡은 차가운 두 볼의 피부가 비단결처럼 부드러웠다. 나는 평소 아버지의 얼굴을 바로 쳐다보지 못했다. 어머니께 불같이 화를 내시는 아버지의 얼굴을 보고 무서워서 운, 유년의 기억 때문이다. 그런데 그 때 지척에서 자세히 내려다본 아버지 얼굴은 한없이 평안했다. 믿어지지 않았다. 살아서 무섭던 얼굴이 죽어서 이렇게 평안하다면 사람들은 무엇 때문에 사는 것일까. 삶이란 업보를 치르는 것인가. 연민의 눈물이 차가운 아버지의 미간에 떨어졌다. 그 때 문득 의문이 들었다. 조만간 어머니도 돌아가실 것이다. 그러면 어머니의 얼굴도 미움을 다 지우고 아버지처럼 평안하실까. 아버지와 어머니 한평생 도대체 누가 피해자고 누가 가해자인가.

어머니는 돼지고기 삼겹살을 몇 점 잡숫더니 머리를 저으신다. 오십여 년 전 그 밤, 달빛 아래서 맹금류같이 삶은 돼지다리를 뜯어서 우리에게 먹이며 잘도 잡숫던 어머니의 왕성한 식욕, 이제 없다. 그럼 어머니의 미움도 없어지신 것일까. 두둥실 맑은 달이 베란다에 앉아 있는 구십 노인의 애잔한 얼굴에 남은 미움의 세월을 지우려는 듯 째지게 밝다.

손수건

 석산이가 저 세상으로 갔다.
 그는 희귀하고 어려운 불치의 병을 2년 남짓 앓다가 갔다. 세포가 재생되지 않는 병이라고 했다. 병명을 알 필요는 없다. 분명한 것은 이제 그는 영영 볼 수 없이 되었다는 사실이다.
 세포가 재생되지 않는 만큼 기력과 사고력을 같이 잃어버리면서 비교적 고통 없이 죽었다고 한다. 조만간 죽을 거라는 사실조차 생각하지 못하는 최악의 상태가 되었을 때 죽었으니까 암같이 아픈 병에 비하면 거의 안락사에 가까운 것이다.
 아직 애들도 짝지어 놓지 못하고 환갑나이에 가다니 옛날에는 대견스럽게 여기던 나이지만 지금은 평균수명에도 못 미치는 아까운 나이다. 석산이는 인생의 책임을 통감하며 갔을까. 사바의 고통을 어릴 적 여름 냇가에서 잠뱅이 벗어 던지듯 홀랑 벗어 던지고 갔을까.

 어제 석산이는 연풍 한들 모퉁이 저의 종산발치 한 자리를 차지하고 육신을 묻었다. 나는 발인만 보고 장지에는 안 갔다.

 어제는 하루 종일 비가 오더니 오늘은 갰다. 해가 지면서 서편 하늘의 구름이 숯불처럼 탄다. 지금 석산이는 어디쯤 가고 있을까. 천사들의 손에 이끌려서 극락을 향해서 훨훨 날아가고 있을까. 험상궂은 저승사자의 우악스러운 포승에 묶여서 지옥으로 떠밀려가고 있을까. 살아서 그는 나쁜 짓을 한 게 없다. 내가 알기에 석산이는 영업용 택시 운전기사를 직업으로 가지고 고생스럽게 살았다. 고생을 기독교에 의지해서 이겨내며 선량하게 살았다. 석산이는 분명히 천사의 손에 이끌려서 저 숯불처럼 타는 구름 너머, 천산天山 저쪽 어디에 있을지 모르는 천국을 향해서 서역만 리쯤 가고 있으리라.

 석산이는 내 고향 동갑내기 초등학교 동기다.

 그는 죽으면서 한 가지라도 우리들이 만든 생의 순간을 생각해 보았을까. 임종을 당해서 가족들과의 미결 사항을 아쉬워하기에도 바빴을 터인데 우리들의 추억을 돌이켜 볼 여지가 있었을 리 만무하다. 나는 석산이가 나까지 기억하면서 죽어 주었기를 기대할 만치 염치없는 놈은 아니다. 내가 석산이의 어려운 삶에 보탬이 된 게 뭐가 있기에…. 앙심을 먹고 손아귀에 조약돌을 움켜쥔 주먹으로 그의 코피를 터뜨려 준 것밖에 없다.

내가 초등학교 3학년 때, 우리 집은 수원에서 연풍 윗버들미 골짜기로 이사를 했다. 그 때 거기 애들은 무명 적삼에 잠방이를 입고 책보를 허리에 동여매고 은고개 너머 연풍 초등학교 십릿길을 걸어다녔다. 석산이는 아랫마을에 살았다. 퉁방울눈을 하고 덩치가 나보다 컸다. 연풍 초등학교에 전학을 하고 첫 등교를 하는 날 석산이는 양복을 입고 '란도셀'을 멘 도시학생 풍의 내 모습이 못마땅했던지 내 뒤에 따라 오면서 "똥가방, 똥가방ㅡ." 하고 '란도셀'을 걷어찼다.
　며칠 동안 나는 무리에 낄 수 없는 한 마리의 원숭이처럼 외로웠다. 나는 될 수 있는 대로 애들 뒤에 처져서 혼자였으나 석산이와 악동들은 은고개 마루에서 기다렸다가 '란도셀'을 걷어차며 "똥가방, 똥가방" 했다. 하루는 학교가 파하고 집으로 돌아오는데 석산이가 뒤따라오며 내 '란도셀'을 또 걷어차며 '똥가방'이라고 했다. 이제는 운명의 한판 승부가 불가피하게 되었다. 우리는 은고개 어귀 이강들 냇가에서 맞붙었다. 석산이의 완력을 당하기에 역부족이었으나 방법이 전혀 없는 것도 아니었다. 나는 조약돌을 하나 손아귀에 움켜쥐었다. 그리고 품고 있던 앙심을 다해서 기습적으로 그의 코쭝배기를 쥐어질렀다. "어쿠!" 하면서 석산이는 코를 움켜쥐고 주저앉았다. 그리고 코를 문지르고 일어서는 그의 얼굴은 터진 쌍코피로 피범벅이 되었다. 석산이는 주먹으로 코피를 훔치고 "내 코피ㅡ." 하더니 벌 쏘인 황소처럼 내게 덤벼들었다. 나는 걸음아 날

살려라, 하고 달아났다. 우리는 쫓고 쫓기며 은고개 마루까지 왔다. 숨이 차서 더 이상 달아날 수가 없었다. 석산이도 숨을 헐떡거렸다. 우리는 서로 노려보면서 서낭나무 아래 서 있었다. 석산이가 먼저 땅바닥에 털버덕 주저앉았다. 나도 따라서 털버덕 주저앉았다. 그리고 나는 백기처럼 손수건을 꺼내서 석산이를 주었다. 석산이는 새하얀 손수건에 코피를 묻히기가 미안했는지 받아 들고 물끄러미 보고만 있었다.

"코피 닦아-."
"싫어."

석산이는 손수건을 쓰지 않고 내게 도로 주었다. 그리고 풀숲에서 마른 쑥 잎을 뜯어 가지고 비벼서 솜처럼 만들더니 그걸로 코피가 나는 코를 틀어막았다.

"코피가 나면 이렇게 하는 거여-."

새 학기가 시작된 이른 봄이었다. 애들은 고개 아래 저만큼 오고 있었다. 아지랑이가 가물가물 애들을 따라오고 있었다.

나는 손수건을 받아 가지고 피 묻은 녀석의 넓데데한 얼굴을 물끄러미 쳐다보다가 호주머니에 집어넣었다.

"우리 친하게 지내자."

그 말 한마디는 했을 것이다. 오래 되어서 누가 그 말을 했는지는 기억할 수 없지만-.

그 후 나도 무명 적삼에 잠방이를 입고 '란도셀' 대신 무명 책보를 허리에 동여매고 학교를 다녔다. 그렇게 우린 우정의 물꼬를 트고, 세월이 흘러서 나는 결혼을 하고 석산이도 우리 동네 내 여동생 친구와 혼담이 오고가더니 결혼을 하게 되었다.

그들이 약혼식을 한 날, 읍내로 약혼사진을 찍으러 간다며 석산이가 우리 집에 손수건을 빌리러 들렀다. 그 털털한 촌놈이 손수건의 필요성을 느껴 본 것은 그 때가 처음이었을 것이다. 신록이 우거져서 뻐꾸기가 유장하게 우는 초여름이기도 했지만 생전 처음 처녀와의 외출에 진땀이 났던 모양이다. 아내가 장롱 깊숙이 간직해 두었던 손수건을 한 장 꺼내 주었다. 손수건 한 귀퉁이에 봉숭아 꽃잎을 조그맣게 수놓은 당목 손수건이었다. 물론 나도 쓰지 않은 새것이었다. 혼인 전, 아내가 눈 오는 깊은 밤 누군지 모르는 자기 사람을 위해서 한 땀 한 땀 정성을 다해 수를 놓고 삶아 바랬을 눈처럼 하얀 손수건이었다.

"제수씨, 고맙습니다."

"임마, 먼저 장가든 동생도 있다든-. 형수라고 해-."

그 때 문득 하얀 손수건을 물끄러미 들여다보고 돌려주던 얼굴에 코피 칠갑을 한 녀석의 넓데데한 초등학교 적 얼굴이 생각났다.

손수건을 빌려주고 나는 묵은 빚을 갚은 것처럼 기뻤다.

동구 밖을 걸어 나가는 둘의 모습, 신랑감은 앞서가고 색싯감은 몇 발자국쯤 떨어져서 뒤따라갔다. 동네사람들이 모두 나와서 그 광경을 기쁜 얼굴로 바라보았다. 나도 그랬다. 지금도 그 모습이 눈에 선하다.

 발인 때, 석산이 아내가 영구차에 관이 실리는 걸 보고 통곡을 했다. 얼굴이 눈물바다를 이루었다. 그래도 눈물을 닦지도 않고 울었다. 문득 손수건이 생각났다. 쓰지 않은 깨끗한 손수건이 있었으면 건네주고 싶었다. 물론 손수건이 없어서 석산이 댁이 눈물을 안 닦는 것은 아니겠지만 석산이를 생각하며 문득 그 생각이 들었다.

少年兵

 아내가 열심히 신문을 들여다보고 있다. 이산가족 상봉자 명단에 자기 오라버니 이름이 들어 있나 싶어서다. 아내는 자기 오라버니가 이북에 살아 있겠지 하는 일루의 희망을 버리지 못하고 있다.
 6·25 사변이 나던 그 해 아내의 오라버니는 인민군으로 끌려갔다. 쇠꼴을 해 가지고 동네 들어서는 열일곱 살짜리 소년을 인민군이 장총을 메워보고 총이 땅에 끌리지 않자 됐다며 끌고 갔다고 한다.
 그 해 늦가을, 전세는 이미 국군이 평양까지 갔느니 압록강까지 갔느니 하는데 산골짜기의 가을은 늘 그렇듯이 청명하고 싸느랗게 그 해 여름의 비극 따위는 도외시한 채 깊어가고 있었다.
 해거름에 나는 할머니와 뒷골 밭에서 무를 뽑고 있었다. 하늘이 살얼음처럼 새파랬다. 단풍이 불타는 산골짜기가 가을 깊이 잠겨서 죽은 듯 고요했다. 무밭에 산그늘이 지자 싸느란 냉기가 온몸을 휘감았다. 할머니는 부지런히 무를 뽑고 나는 무더기를 지어서 짚단으로 덮었다. 된서리에 대한 대비다.

한참 무를 뽑는데 그늘진 산에서 조심스럽게 가랑잎 밟는 소리가 나더니 산짐승처럼 조심스럽게 인민군 패잔병이 나타났다. 인민군은 걸음을 멈추고 주위를 살피더니 할머니와 내가 무를 뽑는 밭으로 왔다. 장총이 땅에 끌릴 듯했다. 인민군은 키만 덜렁했지 기껏해야 나보다 두서너 살 위로 보이는 소년이었다. 인민군의 누런 무명 하복夏服은 찢어지고 때에 절어 있었다. 헝겊 군화도 해져서 발에 안 걸리는 듯 새끼로 동여맸다.

인민군은 아무 말 없이 조선무를 옷에 쓱쓱 닦아서 허기진 듯 어적어적 씹어 먹었다. 얼굴은 패각貝殼이 기어 다닌 갯벌처럼 더러웠다. 지금 생각해 보면 그 중에는 분명히 눈물자국도 섞여 있었을 것으로 짐작이 가는 것이다. 할머니가 어쩔 줄을 몰라 하시며 하시던 일을 멈추고 밭둑으로 나가 앉아서 "이리 와서 앉아 먹어요." 하고 인민군을 불렀다. 인민군은 할머니를 따라 밭둑으로 나와서 할머니 곁에 나란히 앉았다.

무 한 개를 다 먹은 인민군은 밭둑에서 일어섰다. 할머니가 얼른 머리에 쓰고 계시던 무명 수건을 벗어서 "해 줄 게 아무것도 없네—." 하시며 인민군의 볼을 싸매 주셨다. 사시장철 밖에서는 쓰고 사시는 할머니의 살갗 같은 당목 수건이었다. 소년병은 땀에 절어 퀴퀴한 냄새가 나는 할머니의 당목 수건을 해 주는 대로 가만히 받아들였다. 이미 뼛골까지 파고드는 산속의 추위를 겪은 때문일까, 당목 수건에 밴 냄새가 고향의 부모님 냄새처럼 그리워서일까.

인민군 소년병은 다랑논을 건너서 맞은편 산등성이를 쳐다보았다. 할머니도 쳐다보고 나도 쳐다보았다. 잎이 거의 진 나무들이 서 있는 산등성이가 까마득하게 높아 보였다. 인민군 소년병이 그 산등성이를 향해서 올라갔다. 인민군이 올라간 산발치에 옻나무가 새빨간 이파리를 달고 서 있었는데 그 눈부신 빛깔이 공연히 슬퍼서 맘속으로 '형—!' 하고 부르는데 할머니가 나를 끌어안으셨다. 할머니도 내 맘 같으셨던 모양이다.

지금도 늦가을 외진 산골짜기에 서 있는 빨갛게 단풍 든 나무를 보면 장총을 땅에 끌면서 저문 산으로 올라가던, 위장망 끈이 얼기설기 붙어 있는 남루한 여름 군복을 입은 소년병의 작은 등허리가 보인다. 문득 걸음을 멈추고 당목 수건으로 볼을 싸맨 얼굴로 우리를 뒤돌아보던 산짐승같이 슬픈 눈매가 보인다. 새빨간 옻나무 단풍 이파리가 보인다.

그 인민군 소년병이 과연 식구들에게 돌아갔는지, 어디서 얼어 죽었는지, 토벌대의 총에 맞아 죽었는지 그 해 가을이 다 가고 겨울이 깊어질수록 내 걱정도 같이 깊어졌다.

그날 밤 어머니는 김장할 무채를 썰고 할머니는 물레를 돌리셨다. 밤이 꽤 깊었는데 할머니가 걱정스럽게 말씀하셨다.

"코끝이 매운 걸 보니 된내기(된서리)가 내리나 보다. 그 어린 게 어디서 된내기를 피할꼬-."

나는 그 해 여름 새재를 넘어서, 낙동강을 건너서 대구 아래 경산까지 아버지를 따라 피란을 다녀왔다. 별을 보면서 한뎃잠을 많이 잤다. 내 나이 열세 살이었다. 길게 날아가던 별똥별을 세다가 밤이슬을 맞으며 잤다. 여름이지만 이슬에 몸이 젖으면 추웠다. 된서리를 맞으면 얼마나 더 추울까. 그 날 밤 나는 단 구들 위에 요를 깔고 이불을 덮고 누워서 인민군 소년병 생각에 잠을 이루지 못했다. 다음날 아침 할머니가 늦잠을 깨우며 "우리 도령이 무서운 꿈을 꾸셨나, 어쩐 눈물자국인고-." 하셨다. 그날 밤 나는 소년병이 얼어 죽는 꿈을 꾸었다.

가끔 늦가을 논둑 밑에서 얼어 죽는 메뚜기를 본다. 그때마다 소년병 생각에 참을 수 없는 마음이 되곤 했다. 아침에 보면 빳빳이 죽었는데 햇살이 퍼지면 메뚜기는 꼼지락거리며 살아났다. 그렇게 메뚜기는 겨울이 깊어지는 만큼씩 서서히 죽어간다. 나는 그게 신기해서 메뚜기의 죽음을 관찰한 적이 있는데, 밤에 따뜻한 이불 속에만 들어가면 그렇게 얼어 죽어가는 소년병이 생각나서 잠을 이루지 못하곤 했다. 나의 소년 시절 그 인민군 소년병 못지않게 고통스러웠다.

나는 할머니가 당목 수건으로 볼때기를 싸매 준 그 인민군 소년병이 아내의 오라버니가 아니었을까 하는 생각이 들었다. 그러나 차마 아내한테 그 이야기를 하지는 못했다.

수탉

가끔 수탉을 생각할 때가 있다.

옛날 우리 집에 벌건 수탉이 한 마리 있었다. 토종과 뉴햄프셔의 교잡종쯤 되어 보이는 커다란 수탉이었다. 토종의 당찬 기상을 커다란 체격이 뒷받침해 주니까 당당하기 그지없었다.

수탉은 우리와 한 식구로 살아온 지 사오 년쯤 되었을까. 어머니가 장에 갔다가 하도 잘생겨서 장볼 계획을 팽개치고 덥석 사 오신 수탉이었다. 이 수탉은 우리 집에 와서 여남은 마리의 암탉을 거느렸는데, 일부다처의 자질을 지녔는지 지아비의 책임을 충실히 다했다.

암탉 여남은 마리는 소중한 우리 집의 가축이었다. 여남은 마리의 암탉이 한 파수에 달걀을 서너너덧 꾸러미씩 생산했다. 가계에 큰 보탬이 되었다. 만약에 수탉이 여남은 마리의 암탉

중, 상감이 후궁 편애하듯 한두 마리만 돌보았다면 나머지 암탉들은 소박당한 후궁들처럼 시름에 겨워 달걀도 생산하지 않았을지 모른다. 그러면 우리 집의 가계 사정은 불가피하게 차질을 빚을 수밖에 없었음은 물론이고, 어머니가 장날 아침에 조심스럽게 달걀꾸러미를 짓는 재미도 누릴 수 없었을 것이다. 수탉은 그런 여난女難이 발생하지 않도록 다처多妻를 공평무사하게 잘 거느렸다. 같은 남자로서 생각해도 존경스럽기 그지없다.

가끔 앞집 수탉이 우리 암탉을 어찌해 볼 요량으로 담을 넘어 오는 수가 있었다. 앞집 수탉은 우리 수탉보다 체격은 작았지만 싸움닭 샤모처럼 날렵하고 호전적으로 생겼다. 영락없이 장돌뱅이 등쳐먹는 장터거리 왈패 같았다.

이놈은 우리 암탉을 넘보려고 올 때는 불쑥 담 위로 날아 올라 와서 몸을 직립으로 곧추세우고 하늘을 향해서 "꼬기오 – 꼬오 –." 하고 목청을 길게 뽑으며 사내의 기세를 유감없이 드러내 보였다. 일종의 선전포고인 동시에 우리 암탉을 후리려는 수작이 분명했다. 그러면 우리 수탉은 '꾹꾹'거리며 당황한 기색이었으나 앞집 수탉의 침입을 격퇴할 의지를 불태웠다. 앞집 수탉은 우리 수탉의 의지 따위를 아랑곳하지 않고 담에서 펄쩍 뛰어 내렸다. 나는 그 기세에 기가 죽어서 지켜보는데 정작 우리 수탉은 겁도 없이 돌격을 감행했다.

두 수탉은 용호상박龍虎相搏의 접전을 벌였다. 우리 수탉이 열세였다. 몸이 너무 무거운 것이었다. 그렇다고 뒤를 보이는 법은 없었다. 우리 수탉보다 앞집 수탉이 더 높이 뛰어 올랐다. 그리고 내려 뛰면서 발로 우리 수탉의 가슴을 후려치고 비칠거리는 틈을 노려, 부리로 수탉의 자존심인 볏을 사정없이 쪼는 것이었다. 우리 수탉의 볏에서는 선혈이 낭자했으나 굴함이 없이 앞집 수탉의 공격에 맞섰다. 우리 집의 여남은 마리의 암탉들은 제 서방이 당하고 있는데도 하등의 관심을 보이지 않았다. 싸워 이기는 수탉만이 내 지아비의 자격이 있다는 태도였다. 암탉은 절대로 남녀평등을 주장할 물건이 못 된다는 생각이 들었다.

나는 지게 작대기를 꼬나들고 살금살금 두 수탉이 싸우는 현장으로 다가가서 앞집 수탉의 등허리를 향해서 내리쳤다. 살의殺意가 분명한 가격이었으나 앞집 수탉은 죽지 않고 아쉽다는 듯이 비칠거리며 달아났다. 우리 수탉은 피가 낭자한 머리를 승자처럼 당당하게 추켜들고 암탉무리 곁으로 갔다. 나는 그리 당하고도 의연할 수 있는 사내의 기백에 마음으로 아낌없는 박수를 보냈다. 열세면서도 끝까지 시합을 포기하지 않고 판정패를 한 피투성이의 복서에게 보내는 마음 같은 것이었다.

수탉에게는 죽음은 있을지언정 패배가 없다는 것을 나는 인도네시아의 닭싸움을 보고 절실하게 깨달았다. 수탉의 목숨보다도 더 귀한 임전무퇴의 자존심은 차라리 가혹한 업보라는 생각이 들었다. 그 점 사람은 감히 따를 수 없다. 가끔 선량選良들도 국민이 주시하는 단상에서 수탉같이 싸우지만 나는 그 싸움의 귀추歸趨를 주목한 적은 없다. 당리당략을 위한 싸움이라 그럴까, 도무지 싸움 끝이 명쾌하지 못하고 흡사 이전투구泥田鬪狗처럼 지저분한 느낌이 들어서다.

어느 해 이른 봄 나는 수탉이 일가의 안위를 위하여 저 자신을 홀연히 위기 앞에 내던지는 장렬한 태도를 보고 놀랐다.

양지바른 들녘에 아지랑이가 가물거리지만 높은 산봉우리의 그늘에는 묵은 눈이 희끗희끗했다. 얼음장같이 파란 하늘에 솔개가 떠서 선회하고 있었다.

병아리가 딸린 암탉은 마당 귀퉁이 거름더미에서 열심히 거름을 버르집으며 '꼭 꼭'거리고 있었다. 먹이가 나왔으니 주워 먹으라는 소리일 것이다. 병아리들은 어미 닭이 거름을 버르집는 발길질에 걷어차이면서 열심히 모이를 주워 먹고 있었다. 그 곁에는 예의 수탉이 서 있었다.

독수리의 그림자가 마당을 지나가면 수탉이 '꾹꾹'거리고 공습경보를 발령했다. 그러면 암탉은 얼른 담 밑으로 피해서 날개 속에다 병아리를 감췄다. 그리고 나면 수탉은 마당 한가운데 표적으로 노출되어 의연히 버티고 서는 것이었다.

독수리와 대치하고 마당 가운데 직립한 수탉의 자세는 같은 수컷인 내가 보기에도 경외감을 금할 수 없었다. 차라리 무모하다는 말이 더 적절할지 모른다. 쭉 펴면 1미터가 넘는 날개로 유유히 활공을 하다가 급강하해서 날카로운 발톱으로 먹이를 낚아채는 전폭기 같은 독수리의 사냥 앞에, 퇴화되어서 날지도 못하는 가금家禽의 날개와 발톱으로 어찌해 보겠다고 저리 높은 정신으로 의연하게 버티고 서 있는 것인지, 존경의 염을 넘어서 그저 경이로울 뿐이었다. 집단의 우두머리답다는 생각이 들었다.

  수탉의 머리는 작다. 그러나 머리 위의 꼿꼿한 빨간 볏과 부리 아래 관우의 수염처럼 소담스러운 볏이 작은 머리를 함부로 볼 수 없게 했다. 사기史記에 이른 '닭 머리가 소 엉덩이보다 낫다(寧爲鷄口勿爲牛後)'는 말이 정말 옳다는 생각이 들었다. 크다는 것에 대한 질적 견해일 것이다.

  수탉의 가슴은 작다. 그러나 가슴을 내밀고 독수리를 향해서 직립으로 서 있는 수탉의 자세에서 가슴은 엄청 커 보였다. 언젠가 디즈니 만화에서 불독 개하고 맞선 수탉을 본 적이 있는데 가슴을 프로레슬러의 가슴같이 그려놓았다. 너무 과장되게 그렸다고 생각하면서 만화니까 그러려니 했는데 그것이 만화가의 투시력이라는 생각이 든다. 수탉은 다리도 가늘다. 그리고 세 개의 발가락과 발뒤꿈치의 퇴화된 한 개의 새끼발가락으로 된 발은 불안정하다. 그러나 독수리의 날카로운 발톱 앞에 서 있는 발은 근골筋骨을 지탱하는 철근같이 강직해 보였다. 뭐니 뭐니 해도 수탉의 위세를 유감없이 보여주는 것은 꼬리다. 한껏 추켜들어서 포물선을 지은 검붉은 꼬리는 로마대장의 투구에 달린 깃털처럼 무적의 위세로 보였다.

독수리의 공습 아래 서 있을 때 수탉은 자존심을 여실히 보여준다. 죽을지언정 일가의 안위를 위해서 피하지 않는 그 장렬한 모습은 차라리 신격神格이었다.

아버지께서 내가 이립而立에 이르렀을 때 하신 말씀-.

"너는 수탉만한 자존심도 없느냐!"

그 말씀이 잊혀지지 않는다. 어찌 들으면 섭섭하기 짝이 없는 자식에 대한 모멸 같지만 기실은 남자의 높은 기상을 요구하신 것일지 모른다. 우리 아버지도 여느 아버지들처럼 자식 욕심은 엉뚱한 데가 있으신 분이었다. 어쩌자고 내게 가당치 않은 수탉의 기상을 요구하셨는지, 문득 아버지 생전에 단 한 번도 수탉 같은 기상의 일단이나마 보여드리지 못한 게 후회 막심하다.

配匹

 강화도 최북단 철산리 뒷산에 있는 180오피는 임진강과 예성강, 한강 하구의 질펀한 해협이 굽어보이는 돈대 위에 있다. 대원군의 쇄국정책을 위해서 흑색 쾌자를 입고 돼지털 벙거지를 쓴 병졸들이 창을 들고 불란서 함대와 맞서 있었음직한 곳이다. 나는 43년 전, 이곳에서 해병 제1여단 예하의 어느 중대에서 위생병으로 파견 근무를 했다. 그곳에서 바라보는 서해 낙조만치 아름다운 노을을 나는 그 때 이후 보지 못했다.
 어느 날 집에서 보낸 하서下書가 당도했는데, 강원도 귀래라는 곳에 전주 이씨 성을 가진 참한 규수가 있어서 네 배필配匹로 생각하고 있으니 그리 알라는 내용이었다. 배필이라는 아버님의 굵직한 필적이 젊은 내 가슴을 설레게 했다. 평생 같이 뛰게 내 옆에 붙여줄 암말 한 필, 나는 저녁 식사 후면 돈대에 앉아서 서해낙조를 바라보며 생각했다.

(참하단 말씀이시지-. 꽃처럼 예쁠까, 암말처럼 튼튼할까.)

그러다 노을이 지고 대안의 북괴군 서치라이트가 불을 켜면 놀라서 천막으로 들어갔다. 어느 날은 북괴군의 서치라이트가 켜졌는데도 생각이 깊어서 미처 천막으로 돌아가지 못하고 중대장에게 들켰다.

"뭐해 임마-. 형편없이 기압 빠진 위생병아-."

대체로 야전지휘관들은 보병에 비해서 위생병을 경시하는 경향이 있다. 나는 중대장의 그런 눈치에 자존심이 상했다.

"무슨 생각이 깊어서 서치라이트 불빛도 의식하지 못하고 앉았어-. 빨리 천막으로 돌아갓!"

그리고 며칠 후, 중대장이 불렀다. 그의 천막으로 갔더니 자기 아내가 어린애를 낳았는데 영 기운을 못 차리고 미역국도 못 먹는다며, 의무중대에 가서 링거를 구해 다 놓아줄 수 없겠느냐고 부탁을 하는 것이었다.

지휘관 처지로서 졸병에게 할 수 없는 기압 빠진 부탁이지만 그 때 그의 태도는 중대장이 아니라 딱한 처지의 남편에 불과해 보였다. 나는 중대장이 지휘관의 고압적인 태도를 버리고 기압 빠진 위생병에게 솔직한 부탁을 해준 게 고마워서 선뜻 그런다고 약속했다.

나는 자대自隊인 의무중대에 내려갔다. 보급계 선임하사관에게 시집살이 사정하러 친정 온 딸처럼 파견부대 중대장님

아내의 딱한 사정을 이야기하고 5프로(링거)를 한 병 달라고 부탁을 했다.

"임마, 5프로는 사경死境의 전우戰友에게나 주사하는, 군인의 생명 같은 약이야―. 어린애 난 중대장 마누라한테 놓는 게 아니야―."

일언지하에 거절을 당했다. 늙은 군인의 완강한 군인정신에 당황해서 나는 하루 종일 뭐 마려운 강아지처럼 초조하게 의무중대를 빙빙 돌았다. 그러다 선임하사관 앞에 가서 말없이 서 있곤 했다.

빈손으로 돌아갈 수는 없었다. 빈손으로 돌아가서 중대장에게 당할지 모르는 보복이 두려워서도, 또 링거를 들고 가서 얻어질 군대생활의 편의를 바라서도 아니었다. 다만 약속 그 자체가 소중했기 때문이었다.

선임하사는 할 수 없는지 친정어머니처럼 생리식염수(sodium chloride)를 두 병 주었다.

"선임하사관님―! 이건 소금물 아닙니까?"

"임마, 같은 용도야―."

5프로나, 생리식염수나 다 같이 총상환자銃傷患者의 탈수 증세에 놓는 약품이긴 하다. 5프로는 생리식염수에 포도당 5프로가 희석되어 있다는 말로, 약간의 당분이 첨가된 소금물과 그냥 소금물의 차이다.

더 이상은 떼를 쓰는 것은 화를 자초하는 일이다.

"싫으면 그만 둬-. 임마."

그러면 그나마 얻어 가지고 올 수 없이 되고 마는 것이다. 막차를 타고 부대로 돌아왔다. 중대장이 노을에 벌겋게 물든 채 돈대에 서 있었다. 나를 기다리고 있었던 것이 분명하다. 링거라고 할 수도, 안 할 수도 없는 내 실정이 마음을 무겁게 했으나 중대장님이 링거병과 똑같은 소금물 병을 보고 반색을 하는 바람에 마음을 놓았다.

다음날 아침을 먹고 나자 중대장님은 떠밀 듯 나를 철산리 동네로 내려 보냈다.

중대장은 어느 농가의 문간방을 얻어서 살림을 하고 있었다. 산모가 핼쑥한 얼굴로 누워 있다가 부스스 일어나서 나를 맞이했다. 방안 가득한 비릿한 냄새, 아기 냄새인지 아기 엄마 냄새인지 모르지만 내 정신을 몽롱하게 했다. 생전처음 맡아보는 냄새였다. 처음이 아닐지 모른다. 어머니가 내 막내 동생 낳을 때 내가 새벽에 읍내 가서 미역을 사왔으니까, 그 때도 맡은 냄새일 것이다. 그러나 기억조차 없다. 그 때 내 나이 열 다섯에 불과했으니까 그 냄새를 의식하지 못했을 수도 있다.

나는 중대장 사모님을 뉘어 놓고 주사를 놓았다. 왜 그리 떨렸을까. 핏기 없는 하얀 산모의 팔뚝에서 떨리는 손으로 혈관을 찾아 주사 바늘을 꼽는 일이, 숙달된 위생병의 평소 솜씨와 달리 쉬운 일이 아니었다. 병사의 팔뚝에 주사바늘을 꽂는 것과는 다른 일이었다. 팔이 너무 투명하고 맑아서 그랬을까,

혈관이 파랗게 비치는데도 불구하고 주사바늘을 혈관에 바르게 꽂느라고 진땀을 흘렸다. 떨리는 손으로 주사바늘을 뺐다 꽂았다 몇 번을 거듭했다. 못 미더운 수병의 주사 솜씨를 상한 번 찡그리지 않고 정온(靜穩)하게 견뎌준 중대장 사모님―. 나는 지금도 그녀의 교양을 존경해 마지않는다.

만약 그 때 그녀가 불안하거나 불쾌한 표정을 노골적으로 드러내 보였으면 나는 주사 놓기가 오히려 더 수월했을지는 모르지만, 그러면 그녀의 모습이 아름다운 기억으로 남아 있을 리도 없고, 내가 지킨 약속 또한 그리 소중하게 기억될 리도 없다.

오전에 한 병 오후에 한 병 소금물 주사를 맞은 중대장 사모님은 딴사람처럼 생기가 돌았다. 굳이 저녁밥까지 해 줘서 먹고 왔다. 나는 밥을 먹고 중대장 사모님은 미역국을 먹고, 우리는 오누이처럼 겸상을 해서 먹었다. 비릿한 냄새 가득한 산모의 방에서 산모가 해 준 밥을 마주앉아 먹는 황홀한 영광 때문인지 밥맛도 몰랐다.

"위생병님. 애인 보고 싶으시지요. 집에 한 번 다녀오세요."
"애인 없습니다."

그러면서 아버님이 의중에 두신 내 배필, 전주 이씨 성을 가진 참한 규수를 생각했다.

밥을 먹고 서둘러 오피로 돌아오며 중대장님은 좋은 배필을 두었다고 생각했다.

나는 막 해가 진 바다를 향해서 돈대에 주저앉았다. 흑장미 빛 같은 노을이 해협을 물들이고 있었다. 비로소 손에 든 책표지를 보았다. ≪靑鹿集≫이었다. 책표지가 손때에 곱게 절어 있었다.

"위생병님 고마워요. 뭐 드릴게 없어요."

중대장 댁을 나오는데 사모님이 따라 나와서 내 손에 쥐어 준 책이었다. 손을 잡힌 채 바라본 중대장 사모님의 맑고 투명한 얼굴이 처연하리만치 고왔다. 나는 지금도 산모의 얼굴이 배필의 얼굴이다라고 생각한다.

대안의 북괴군 서치라이트 섬광이 환도環刀를 휘두르듯 흑장미 빛 노을을 가르며 지나가고 땅거미가 졌다. 나는 벌떡 일어나서 천막으로 들어갔다.

며칠 후 중대장님이 특별 휴가를 보내주어서 전주 이씨 성을 쓰는 참한 규수와 맞선을 보고 왔다. 중대장 사모님의 부탁에 의한 배려였을 것 같아서 찾아뵙고 인사를 드렸다. 그리고 배필을 선본 이야기를 했다. 사모님이 반갑게 손을 잡고 웃어 주었다.

노을을 보면 60년대 초, 강화도 철산리 뒷산 돈대에 앉아 있던 상등 수병이 보인다. 파란만장한 해협을 물들이며 지던 장엄한 노을이 눈에 선하다.

진달래꽃

 우리 집의 진달래 분재盆栽가 올해도 아무도 들여다보지 않는 빈 골방에서 소박데기 순산하듯 혼자 꽃을 열댓 송이나 피웠다.
 입춘이 지난 어느 날 아침, 겨울 때에 찌든 거실 유리창을 투과透過하는 햇살에서 문득 봄을 느끼고 혹시나 싶어서 방문을 열어 보았더니, 아니나 다를까 지금 막 초례청에 나갈 준비를 끝낸 새 색시처럼 진달래가 방안에 애잔한 꽃빛을 가득하게 밝혀 놓고 있는 것이 아닌가! 나는 감탄도 하지 못하고 멍하니 바라만 보았다.
 나는 진달래 분재가 꽃을 피우는 데 아무것도 해 준 게 없다. 봄이 되면 뜰에 내놓고 겨울이 되면 골방에 들여놓았을 뿐이다. 거름을 한번 제대로 주어보길 했나, 진딧물이 끼니 약을 제때 쳐 주길 했나, 시들면 물이나 듬뿍 주는 게 고작이었다. 마치 호란胡亂때, 몽고에 잡혀 간 조선 처녀같이 졸지에 나의 분재 신세가 된 진달래가 자포자기하지 않고 꽃눈을 틔워서 공들여 키우고 마침내 꽃을 피운 이 생명의 경이 앞에서 염치없이 경탄이나 한다면 나는 되놈 같은 놈이다.

  진달래꽃은 한때 북한의 국화였다고 한다. 온 봄산을 물들이는 꽃빛이 피바다 같아서 국화로 정했던 것일까? 아무리 적색赤色 이념에 혈안이 되었기로 민족의 보편적인 서정抒情까지 기만欺滿해 가며 그 은은한 영변 약산의 진달래 꽃빛을 핏빛으로 보았을 리야ㅡ. 지금은 진달래꽃이 북한의 국화가 아니라고 하니 천만 다행이다.

    나 보기가 역겨워
    가실 때에는
    말없이 고이 보내 드리우리다

    영변에 약산
    진달래꽃
    아름 따다 가실 길에 뿌리우리다.

    가시는 걸음걸음
    놓인 그 꽃을
    사뿐히 즈려밟고 가시옵소서

아지트에서 봄산을 물들이는 진달래꽃을 보고 빨치산들은 소월의 감성感性을 어떻게 주체했을까. 안타깝다. 감성을 절제해 가면서까지 그들이 추구한 것이 도대체 무엇이었을까.

 "동무들 보라! 저 피바다 같은 산을…. 아무리 열악한 생존여건에서도 저렇게 온 산을 열정으로 환하게 해방시키는, 저-진달래꽃을 보라! 우리의 혁명과업도 진달래처럼 꽃피우자!"

 한 시대의 비극적인 봄산을 물들이는 진달래꽃의 의미를 지리산 빨치산 대장 이현상은 그쯤 부여했을까? 아무튼 진달래를 적기赤旗와 같은 이념의 아류亞流로 전락시킨 것이라면 진달래의 본성本性에 대한 모독이다.

 진달래는 가난하고 소박한 꽃이다. 칸나처럼 열정적이지도 않고, 목련처럼 유혹적이지도 않고, 제비꽃처럼 깜찍하지도 않다. 은은한 정을 수줍게 입가에 물고 하염없는 기대에 까치발을 딛고 서서 담 너머 아지랑이 피는 산모퉁이를 바라보는 산골처녀 같은 꽃, 호란과 왜란, 그 가없은 시대에 양지쪽 산기슭에 돌아갈 곳 없이 망연히 앉아 있는 겁탈 당한 조선 여인 같은 꽃, 약한 듯하면서도 질긴 그 생명의 빛-. 미처 이파리도 피우지 못한 나목의 가지에 서둘러 몇 송이씩 소복소복 꽃부터 피워서 가혹한 겨울을 물리치고 얼른 침울한 산자락을 환하게 밝혀 놓는 꽃-.

 6·25 다음해 봄. 우리 고향 윗버들미의 달걀양지 산기슭에서 죽은 빨치산 여인을 본 적이 있다. 어린 나는 호기심에 떨면

서 어른들 어깨너머로 긴 단발머리를 곱게 빗고 남루한 노란 군복을 입은 누님 같은 젊은 여인의 단정한 주검을 보았다. 그 주검은 내 나이 따라서 무서움으로, 슬픔으로, 마음으로 변질되어 왔다. 조선 여인은 그렇게 경거망동하게 죽어서는 안 되는데 하는 생각이 들어서다. 누가 그 여자를 낯선 산비탈 양지쪽에서 혼자 죽게 했나 하는 생각에 나는 진달래꽃이 핀 임진강 변 어느 O·P에 초병으로 서 있을 때 적의敵意를 불태우곤 했었다.

우리 집 진달래 분재의 분수盆樹는 해 저문 외진 산골 길옆에 꽃을 피우고 있는 것을 캐어다 심은 것이다.

그 진달래꽃은 땅거미가 지는 산속에서 조금도 두려움이나 조바심하는 기색 없이 오직 안온安穩한 모습으로 피어 있었다. 그래서 나는 '누님! 집에 갑시다.' 하는 마음으로 캐어다 분에 심어 놓았다.

나는 그 진달래꽃이 문득 동란기에 새 새댁이던 우리들의 누님 같다고 생각했다.

신랑도 없이 홀로 시집살이를 하던 열아홉 새댁이 곱게 잠든 어린것을 등에 업고 저문 고개에 서 있던 그 운명적인 모습―.

"빨리 가거라 저물겠다."

차마 발길을 돌리지 못하고 망설이는 어린 친정 동생에게 누님은 조용히 재촉했다. 누님의 연분홍 치마는 시집살이 때가 묻어서 연자줏빛이었는데, 흡사 진달래꽃빛 같았다.

동란이 막 끝난 어느 해 봄, 앞집 원규가 아직 아침 햇살도 퍼지기 전에 나를 찾아와서 한티골 저의 누님 댁에 같이 가자고 해서 다녀온 적이 있다. 나는 선뜻 따라 나섰다. 나는 누님이 없이 자랐다. 원규 누님이 내 누님같이 생각되어서 원규에게 늘 질투를 느끼면서 자랐다. 어느 날 나는 원규처럼 원규 누님한테 느닷없이 "누나야—." 하고 불러 보았다. 원규 누님이 몹시 기뻐했다. 그리고 나를 원규처럼 동생으로 여겼다. 그 후 원규 누님이 꽃가마를 타고 지름티재를 넘어갈 때 원규도 안 우는데 나는 울었다.

원규 매형은 좌익청년이 되어 동란 속으로 표연飄然히 사라지고 원규 누님은 난세亂世에 홀로 시집살이를 하고 있었다. 그 시절의 봄산에는 유난히 진달래꽃이 만발했는데, 원규 어머니는 원규 등을 동구 밖으로 밀어내셨다. 신랑도 없는 시집살이를 하는 딸이 눈에 밟혀 애간장이 타셨던 모양이었다.

원규 누님의 시집은 진달래꽃이 흐드러지게 핀 삼십 리 산길을 가야 했다. 왕복 육십 리 길이 어린 우리에게는 힘든 길이었지만 나는 마다하지 않고 원규를 따라갔다. 아침 일찍 떠나서 뛰다시피 걸으면 점심나절이 채 못 되어서 원규 누님의 시집에 도착했다. 원규 누님과 우리는 겨우 한나절쯤, 꿈결같이 보내고 해가 설핏해지면 갓난것을 등에 업은 원규 누님의 애잔한 모습을 고갯마루에 세워 놓고 돌아왔다.

"잘 가거라. 어머니한테 누니는 잘살고 있으니까 아무 걱정

하시지 말라고 말씀 드려라." 원규한테 말하고,

"성균아, 원규 길동무를 해 줘서 고맙다." 내게는 그렇게 의례적인 인사를 한 것 같은데 왜 그리 눈물겹게 그 말이 소중했던지─.

우리는 고갯마루에서 돌아서면 뛰었다. 삼십 리 산길에 이미 어둠이 깃들이는데, 우리는 어두운 고갯마루에 누님이 하염없이 서 있는 것만 같아서 뛰다 돌아보고 뛰다 돌아보고 하며 돌아왔다.

집에 돌아오니 별이 쏟아질 듯 뿌려진 어두운 삽짝 밖에 원규 어머니가 서 계셨다.

"누나가 너를 보고 울지 않든…?"

"아니."

"너도 이제 다 컸구나! 어미 아픈 속을 헤아릴 줄을 다 알고…."

원규 어머니는 울음을 삼키며 말씀하셨다. 원규 어머니는 원규가 거짓말을 한다고 생각하시는 모양이지만, 분명히 원규 누님은 우리 앞에서 눈물을 보이지 않았다.

어린 친정 곳 동생들을 저무는 고갯마루에서 배웅하며 눈물을 보이지 않던 암담한 신세의 누님, 막막寞寞한 여자의 생애를 앞에 두고 어린 새댁이 정온靜隱한 모습을 흐트리지 않을 수 있는 의지가 어떻게 생기는 것이었을까? 나는 우리 집 진달래 분재의 꽃을 보고 생명을 소중히 이어가는 나무의 본성이 인고의 생애를 지탱해 낸 원규 누님 같아 보여서 더욱 고마운 것이다.

날씨가 하도 화창하기에 나는 진달래 분재를 현관 밖에다 내 놓았다. 어두운 골방 구석에 홀로 두기에는 꽃의 자태가 너무 아까웠다.

"우리 누나 예쁘지?"

원규의 뽐내던 모습이 눈에 선하다. 초례청에 나가려고 치장을 마치고 안방에 앉아 있는 저의 누님을 보고 둘러서 있는 동네사람들에게 자랑스럽게 말하던 원규-. 내가 진달래 분재를 현관 밖으로 내놓은 것은 그런 심정이었다.

그런데 어둠침침한 그늘 속에 있던 꽃을 급작스럽게 햇빛 속에 내놓아서 그런가? 아니면 꽃의 생명이 다한 것일까? 하루를 넘기더니 꽃잎이 시들었다. 나는 놀라서 진달래를 얼른 골방에 도로 들여다놓았다. 그러나 소용없었다. 점점 꽃잎에 힘이 빠지더니 그예 꽃잎이 한 잎 두 잎 지기 시작했다.

나는 진달래꽃을 경솔하게 현관에 내놓은 걸 후회했다. 며칠은 더 피어 있었을 꽃을 애들처럼 자랑하고 싶은 마음을 참지 못하고 햇빛에 급히 내놓아서 지게 한 것만 같아서였다.

나의 분재관리 지식으로는 잘못하다가 진달래 분재를 죽일지도 모른다. 이 봄에는 분재의 진달래를 저 살던 자리 외진 산골에 도로 갔다가 심어 놓아야겠다. 그리고 봄마다 난세의 우리들 누님처럼 정온한 모습으로 꽃을 피우면 보러 가야겠다.

할머니의 세월

 내 나이 열대여섯 살 적 단오 무렵, 할머니는 앓고 일어난 나를 앞세우고 윗말 진외가에 가셨다. 진외가에는 기력이 쇠진한 진외할아버지께서 드시는 개장국이 늘 가마솥에서 고아지고 있었다. 할머니는 내게 그 개장국을 얻어 먹여서 원기를 돋워 주려는 속셈이셨던 것 같다. 황금 햇살 아래 누런 보리밭 사잇길로 어질어질한 현기증을 느끼면서 할머니를 따라간 기억으로 보아서 그때 나는 몹시 쇠약했던 모양이다.
 진외가집은 식구들이 모두 들에 나가고 조용했다.
 할머니와 나는 한약 내가 진동하는 사랑에 들어 진외할아버지께 절을 했다. 얼굴이 백짓장처럼 하얀 진외할아버지가 형형한 눈으로 나를 쳐다보시며 헐헐 숨찬 소리로, 한참 클 놈이 제 할아비를 닮아서 시원치 못 하다시며 혀를 끌끌 차셨다.

대청에 나와서 진외할머니께 인사하고 할머니가 말씀하셨다.
"이 녀석이 앓고 나더니 영 밥을 못 먹어요. 개장국 좀 먹이려고 왔어요."

진외할머니께서 손수부엌으로 들어가시더니 내 앞에 개장국 뚝배기가 놓인 소반을 가져다 놓으셨다. 그런데 할머니가 개장국 뚝배기를 들여다보시더니 벌떡 일어나서 내 손목을 잡아끌며 온 집안이 떠나가게 소리를 지르시는 것이었다.

"나같이 박복한 년이 친정이 다 무슨 소용이여. 내가 다시는 친정에 오면 풍산홍씨 성을 갈 거여. 아버지 어머니 죽으면 머리 풀구나 올 테니 그리 알아요."

큰사랑문이 벌컥 열리며 진외할아버지의 더욱 하얘지신 얼굴이 나타났다. 나는 진외할아버지가 무서워서 자지러지며 할머니 치마폭 뒤에 숨었다. 무슨 큰 잘못을 저지른 것처럼 진외할아버지가 무서웠다.

"나더러 개장국을 떠다 먹으라면 가마솥을 통째로 떼어다 먹을까 봐서 늙은 어머니가 꾸부정거리고 손수 떠다 바쳐요. 그렇거든 맘먹구나 떠다주든지. 건더기도 없이 멀건 국을 떠다주면서─. 이게 딸년 대접하는 거여, 거렁뱅이도 이리 대접할 수는 없어."

할머니는 소리소리 지르셨다. 기억에 의하면 개장국 뚝배기는 할머니 말처럼 그리 무성의한 건 아닌 것 같았는데 왜 할머니 마음에는 차지 않으셨는지 모르겠다.

할머니는 내 손목을 잡아끌고 횡하니 대문을 나섰다. 진외가에서 얼마쯤 떨어진 후에 돌아보니 진외할머니가 대문 밖에 나와서 우리 조손의 뒷모습을 바라보고 서 계셨다.

남풍에 누런 보리밭이 바다처럼 무겁게 너울졌다. 보리밭 건너 동네 뒷산 기슭에 늙은 밤나무에 매여 있는 그네가 수직으로 늘어져서 조용히 멎어 있었고, 물색옷을 입은 동네 새댁, 색시들의 자지러지던 웃음소리도 그네처럼 조용히 멎어 있었다. 또 한 봄이 지나가는 것이었다. 할머니가 허물어지듯 길옆 보리밭둑에 주저앉더니 빈 그네터를 건너다보며 서럽게 우셨다. 나는 파도치는 누런 보리밭을 보면서 할머니의 울음이 그치기를 기다렸다. 현란한 새소리, 눈부신 녹음, 멀미나는 보리밭의 누런 물결에 안겨서 어깨를 들썩거리도록 우시던 할머니의 모습이 지금도 단오 무렵이면 눈에 밟힌다. 개장국뚝배기가 왜 할머니를 그처럼 서럽게 했을까.

할머니와 내가 집에 도착하자마자 뒤따라서 진외가 행랑어멈이 개장국 옹배기를 이고 왔다. 할머니는 아무 말씀도 하지 않으셨다. 진외가 행랑어멈은 가져온 개장국을 옹솥에 앉히고 아궁이에 뭉근하게 불을 지펴 놓고 갔다. 잠시 후 개장국 냄새가 추녀 밑으로 감돌았다. 나는 그 개장국을 먹고 원기를 찾았다. 그리고 할머니가 시키는 대로 진외할아버지께 몸 다 났다고 인사를 드리러 갔다. 내 문안 인사를 받으신 진외할아버지가 학 날개 펴듯 활짝 안색을 펴며 좋아하셨다. 진외손주의

건강회복이 병약한 노인에게 기쁨이었던 모양이다. 나도 진외할아버지만치 기뻤다.

그때 할머니는 환갑을 지나셨다. 할머니는 열일곱에 열다섯 먹은 신랑한테 시집오셨다. 신랑은 장가들고 잔병치레를 하시다가 남매를 두고 요절하셨다. 나는 증조부품에 안겨는 보았어도 정작 할아버지 품에는 안겨 보지 못했다. 족보에 보면 할아버지는 스물일곱에 돌아가셨다. 그러니까 할머니는 스물아홉에 혼자되신 것이다. 생각해 보면 그날 할머니가 개장국 때문에 친정 부모님께 소릴 지른 불효는 청상靑孀으로 환갑을 넘긴 여자의 춘한春恨이었는지 모른다.

보리밭둑에 앉아서 서럽게 우시던 할머니가 울음을 그치시고 옆에 시무룩해서 앉아 있는 나를 안으며 "어이구, 우리 강아지, 이렇게 아파서 어디 장가가겠어. 네 할아버지는 너만 해서 이 길로 할머니를 데리고 삼일 되받이를 갔는데. 옥색 명주 두루마기를 입은 열다섯 새신랑 뒷모습이 얼마나 의젓하던지, 꼭 깎아 놓은 밤 같았느니라. 우리 강아지도 얼른 병이 나서 장가가야지." 그런 요지의 말씀을 하신 것 같다. 할머니의 그 말씀이 생각나면 나는 지금도 쓴웃음을 짓는다.

'깎아 놓은 밤 같은 새신랑이 겨우 스물일곱에 돌아가셨을라고. 나처럼 병골이셨을 테지.' 내 열다섯 때 모습과 닮은 할아버지의 모습을 그려볼 수 있어서다. 진외할아버지께서 나를 미워하신 까닭은 병약한 내가 당신 사위 같아 보여서일지 모른다.

할머니는 구십일곱, 돌아가실 때까지 눈물겨운 한평생을 길쌈으로 달래셨다. 할머니의 명주 길쌈 솜씨는 단연 탁월했다. 그러나 정작 당신은 한번도 명주옷을 입으신 적이 없다. 돌아가실 때 수의로만 입으셨을 뿐이다. 그런데 할머니는 찬바람만 나면 내게 명주옷을 입히려고 애를 쓰셨다. 바지저고리뿐만 아니라 명절날이면 옥색 명주 두루마기도 지어 입히셨다. 그걸 입고 밖에 나갔다가 동네 애들이 꼬마 신랑이라고 따라다니며 짓궂게 놀리는 바람에 한번 입어 보고는 다시 안 입었다.

명주옷은 개궂하게 크는 애들이 입을 옷이 못 된다. 물만 흘려도 얼룩이 선명해서 하루만 입으면 땟자국이 알롱달롱했다. 그러면 옷을 험하게 입는다고 나만 어머니에게 닦달을 당했다. 그래서 나는 명주옷이 싫었지만 할머니는 굳이 내게 명주옷을 입히려고 애를 쓰셨다. 그 할머니의 집착을 그때 나는 왜 몰랐을까. 깎아 놓은 밤 같은 열대여섯 새신랑의 의젓한 모습에 대한 할머니의 애잔한 환상 때문인 것을.

할머니가 짜놓은 명주는 때맞춰서 피륙장수 여자가 가져갔다. 나는 피륙장수가 할머니의 세월을 올올이 짜낸 바닥 고운 명주 필을 돈 몇 푼에 가져가는 게 아까웠으나, 할머니는 그 피륙장수에게 명주 필을 넘겨주면서 값을 논하지는 않으셨다. 뿐만 아니라 할머니는 명주 필 값을 받아들고 과금過金 아니냐며 금에 만족해하시던 걸로 보아서 그 피륙장수는 할머니의 명주 필에다 시세보다 한 금을 더 놓은 게 분명하다. 혼신을 다한 길쌈 공정에 대한 경의였을 것이다.

참 오랫동안 할머니와 피륙장수 여자는 거래를 했다. 그것은 비단 상거래만이 아니라는 생각이 든다. 할머니가 돌아가셨을 때 피륙장수가 문상을 와서 곡을 하는데 어찌나 서럽게 울던지 명주 피륙으로 맺어진 인연이 의외로 깊은 데 감동했다. 피륙장수 여자가 애착한 할머니의 명주 피륙은 분명히 열다섯 새신랑이 삼일 되받이를 갈 때 입었던 옥색 두루마기감을 능가하는 바닥이었으리라.

나는 '워리'라고 불리던 이 땅의 모든 개들이 보시布施한 개장국 맛을 할머니의 마음이라고 생각한다. 가마솥에서 뭉근한 장작불에 세월없이 고아지던 개장국은 개가 단백질과 무기질과 섬유질로 분해되어 남을 건 남고 용해될 건 용해된 것으로 부처님께 공양을 해도 죄송할 게 없는 음식이다. 염원과 성의가 깃들인 공정이기 때문이다. 그 점은 우리 할머니의 명주 길쌈 공정과 일맥상통한다.

보리가 누렇게 고신 단오 무렵이면 진외가 툇마루의 청동화로에서 달여지던 한약 냄새와 어우러져 서리서리 추녀 밑을 감돌던 개장국 달이는 냄새가 코끝을 스친다. 우리 할아버지가 돌아가시던 스물일곱 살 적 침울한 우리 집에도 그 냄새가 추녀 밑에 서리서리 감돌았을 것이다. 할머니는 그 냄새를 맡으면 청상에 홀로되어 수절한 여자의 생애가 발작처럼 서러울 거라는 짐작이 가는 것이다.

■ 연보

•약력

1938년	충북 괴산 연풍 소백산맥 자락의 산촌에서 출생하여 고향을 떠나 수원에서 국민학교 3학년까지 다니다 귀향. 연풍국민학교와 연풍중학교를 다녔는데 수필 소재의 대부분은 그 시절에서 나왔음. 그리고 고향을 떠나 청주상고를 다님.
1959년	청주상고 졸업. 그 해 학도주보 주최 전국 학생 문예작품 모집에서 고등부 산문부분 1등을 함. 다음 해 서라벌예대 문예창작과에 입학하였으나 가정형편상 학업을 마치지 못하고 고향에 돌아와 낮엔 밭을 갈고 밤엔 글을 쓰다가 군에 입대.
1964년	아버지께서 정해주신 전주 이씨 성을 가진 배필과 군대복무 중 결혼함. 여리고 약해 보여 근심이었을 뿐 더 바랄 것 없이 흡족한 아내와 사이에 진숙, 진용, 진국 3남매를 얻음.
1968년	제대하여 농사꾼이 되어 1년 남짓 신춘문예에 응모했으나 좌절하고 상경, 프린트사를 경영하였으나 실패하고 산림직 공무원이 되어 강릉영림서를 시작으로 충북도청, 청주시청, 충북사방사업소, 괴산군청 등에서 25년간 공직생활을 함.
1993년	퇴직한 후 서원대학교 평생교육원 문예창작반에 입학하여 갈망하던 문학 공부를 다시 시작해

	≪중앙시조≫월말 장원, ≪월간에세이≫초회 추천, 관광공사의 관광수필 공모에 응모하여 최우수상을 수상하여 글 쓰는 기쁨을 만끽함.
1995년	월간 ≪수필문학≫에 '속리산기'로 추천 완료.
2003년	4월 수필집 ≪명태에 관한 추억≫ 출간.
2003년	그간 쓴 작품들을 모아 출간한 ≪명태에 관한 추억≫이 문예진흥원에 의해 그 해 우수문학작품집에 선정됨.
2004년	3월 현대수필문학상 수상.
2004년	5월 타계.
2004년	11월 유고집 ≪생명≫을 신아출판사에서 출간.
2010년	4월 선집 ≪행복한 고구마≫를 선우에서 출간.
2010년	6월 현대수필가 100인선에 ≪돼지불알≫ 선정, 출간.

현대수필가 100인선 · 83
목성균 수필선

돼지불알

초판인쇄 | 2010년 6월 20일
초판발행 | 2010년 6월 25일

지은이 | 목 성 균
펴낸이 | 서 정 환
펴낸곳 | 좋은수필사

주　소 | 서울시 종로구 익선동 30-6
　　　　운현신화타워 빌딩 3층 305호
전　화 | 02)3675-5635, 063)275-4000
등　록 | 1984년 8월 17일 제28호
홈페이지 | http://www.shinapub.com
e-mail | essay321@hanmail.net

값 7,000원

ISBN 978-89-5925-352-4　04810
ISBN 978-89-5925-247-3　(전 100권)

* 저자와 협의하여 인지는 생략합니다.
* 잘못된 책은 바꿔 드립니다.